***ACCESO GRATIS* a la Lectura en la Nube**

Para visualizar el libro electrónico en la nube de lectura envíe junto a su nombre y apellidos una fotografía del código de barras situado en la contraportada del libro y otra del ticket de compra a la dirección:

ebooktirant@tirant.com

En un máximo de 72 horas laborales le enviaremos el código de acceso con sus instrucciones.

SMART CONTRACTS: APLICACIONES JURIDICAS Y DE SALUD DIGITAL

Procedimiento de selección de originales, ver página web:
www.tirant.net/index.php/editorial/procedimiento-de-seleccion-de-originales

SMART CONTRACTS: APLICACIONES JURIDICAS Y DE SALUD DIGITAL

Raquel Luquin Bergareche

tirant lo blanch
Valencia, 2024

En caso de erratas y actualizaciones, la Editorial Tirant lo Blanch publicará la pertinente corrección en la página web www.tirant.com.

La presente obra ha sido sometida a la revisión de pares ciegos según el protocolo de publicación de la editorial a efectos de ofrecer el rigor y calidad correspondiente tanto en su contenido como en su forma, aplicándose los criterios específicos aprobados por la Comisión Nacional E 016 (BOE num. 286, de 26 de noviembre de 2016).

© TIRANT LO BLANCH
EDITA: TIRANT LO BLANCH
C/ Artes Gráficas, 14 - 46010 - Valencia
TELFS.: 96/361 00 48 - 50
FAX: 96/369 41 51
Email: tlb@tirant.com
www.tirant.com
Librería virtual: www.tirant.es
DEPÓSITO LEGAL: V-344-2024
ISBN: 978-84-1197-582-7

Si tiene alguna queja o sugerencia, envíenos un mail a: *atencioncliente@tirant.com*. En caso de no ser atendida su sugerencia, por favor, lea en *www.tirant.net/index.php/empresa/politicas-de-empresa* nuestro procedimiento de quejas.

Responsabilidad Social Corporativa: http://www.tirant.net/Docs/RSCTirant.pdf

Monografía realizada en el marco del Proyecto de Investigación
"Contratación de Servicios de Telemedicina: Actualidad
y Desafíos Jurídicos"
TED2021-129472B-00/MICINN "Next Generation EU"/PRT

A Adriana y Alberto
luces de mis ojos.
Nunca habrá algoritmo
capaz de desvelar
por qué a mí,
por qué vosotros.

Índice

Puedes centrarte en las barreras o bien en escalar el muro y redefinir el problema.

Tim Cook

Introducción

La sociedad actual se halla inmersa en un proceso de transformación que, en mayor o menor medida, afecta a todos los niveles y espacios de interacción social: economía, sociedad, Derecho y cultura experimentan cambios estructurales profundos. Las innovaciones basadas en la digitalización y los desarrollos de la Inteligencia Artificial (IA) avanzan a un ritmo sin precedentes y su implementación práctica plantea importantes cuestiones de encaje jurídico. Ello se manifiesta especialmente en los ordenamientos codificados, como el español, vertebrados en gran medida en torno a principios y normas que obedecen a una realidad socio-económica y a un ecosistema tecnológico ya superado[1].

---

1 El Código civil español de 24 de junio de 1889 no contiene referencia a sistemas de ejecución automatizada de transacciones como blockchain: esta tecnología nace precisamente para operar en redes descentralizadas y al margen de marcos jurídicos regulatorios de base nacional.
Sí se refiere a los contratos electrónicos el art. 23 de la Ley 34/2002, de 11 de julio, de Servicios de la Sociedad de la Información y de Comercio Electrónico (LSSICE), estableciendo que « (...) *producirán todos los efectos previstos por el ordenamiento jurídico, cuando concurran el consentimiento y los demás requisitos necesarios para su validez*»: la forma escrita no es, por tanto, un requisito esencial de un negocio jurídico cuando la declaración de voluntad se emite a través de medios electrónicos, acorde al principio de libertad de forma (art. 1278 CC y art. 51 CCom).
Los requisitos de validez de dichos contratos se recogen en los arts. 23.3: «*Siempre que la Ley exija que el contrato o cualquier información relacionada con el mismo conste por escrito, este requisito se entenderá satisfecho si el contrato o la información se contiene en un soporte electrónico*» y 27.4 *de esta norma*, según el cual los requisitos de incorporación de las condiciones generales de la contratación sustituyen a la forma escrita si las mismas se ponen a disposición del destinatario de manera que puedan ser almacenadas y reproducidas por el mismo.

En el ámbito del Derecho privado, la expansión de las transacciones online, tanto en contratos negociados individualmente bajo el principio de autonomía negocial como en los predispuestos con condiciones generales, ha cedido paso en las últimas décadas a un fenómeno tecnológico que supone un salto cualitativo: el surgimiento de plataformas descentralizadas de ejecución de transacciones negociales basadas en la tecnología blockchain y articuladas con base en aplicaciones algorítmicas y otros desarrollos de la Inteligencia Artificial.

Si bien la blockchain existía antes de la COVID-19, el actual orden post-pandémico está basado, en buena medida, en la tecnología digital y en las denominadas DLT o "Tecnologías de Registro Distribuido ("Distributed Ledger Technologies"): los hechos así lo demuestran[2]. El lenguaje provoca efectos en

---

El art. 1262 CC, redactado por el número uno de la Disposición Adicional Cuarta de la Ley 34/2002, 11 julio, de Servicios de la Sociedad de la Información y del Comercio Electrónico (LSSICE), dispone que «*El consentimiento se manifiesta por el concurso de la oferta y de la aceptación sobre la cosa y la causa que han de constituir el contrato.*
Hallándose en lugares distintos el que hizo la oferta y el que la aceptó, hay consentimiento desde que el oferente conoce la aceptación o desde que, habiéndosela remitido el aceptante, no pueda ignorarla sin faltar a la buena fe. El contrato, en tal caso, se presume celebrado en el lugar en que se hizo la oferta.
En los contratos celebrados mediante dispositivos automáticos hay consentimiento desde que se manifiesta la aceptación».
El núm. dos, por su parte, modifica el art. 54 CCom, que queda redactado como sigue:
«*Hallándose en lugares distintos el que hizo la oferta y el que la aceptó, hay consentimiento desde que el oferente conoce la aceptación o desde que, habiéndosela remitido el aceptante, no pueda ignorarla sin faltar a la buena fe. El contrato, en tal caso, se presume celebrado en el lugar en que se hizo la oferta.*
En los contratos celebrados mediante dispositivos automáticos hay consentimiento desde que se manifiesta la aceptación.»

2 El "Civil Code of the People's Republic of China" (中华人民共和国民法典), de 28 de mayo de 2020, en vigor desde el 1 de enero de 2020, establece en el Cap. XX ("Contratos tecnológicos") del Libro III, relativo a los "Contratos",

la misma realidad que describe y, ciertamente, la terminología utilizada en la última década del ya pasado siglo ha multiplicado el interés por un tema que afecta por igual a juristas y expertos tecnológicos en Computación, IA y Ciencia de Datos.

A lo largo de este trabajo, destinado principalmente a operadores jurídicos legos en informática y lenguaje de programación, se analiza de forma sistemática, de forma sistemática el significado, implicaciones y actuales aplicaciones y desarrollos jurídicas de esta tecnología en imparable avance, con especial atención al Derecho privado y a su virtualidad en el ámbito de la salud digital y de la medicina personalizada de precisión.

---

una prolija regulación de estos negocios, concebidos en un sentido muy amplio https://www.chinajusticeobserver.com/a/chinas-first-civil-code-on-the-way

El "Blockchain-based Service Network" (BSN) es un consorcio respaldado por el estado chino que se autodefine como una red de infraestructura mundial que proporciona una ventanilla única para blockchain y la tecnología de contabilidad distribuida y aplicaciones descentralizadas ("DApps"). No hay criptomoneda adjunta a la plataforma de BSN, pues en la República Popular China las transacciones con ciertos criptoactivos son ilegales. Las cadenas de bloques no criptográficas podrían atraer a empresas que no quieran exponerse a la volatilidad y riesgo de las monedas digitales. "Red Date Technology", con sede en Hong Kong, es una de las empresas fundadoras de BSN, respaldada por el "Centro Estatal de Información" (SIC) bajo la NDRC de China. https://spartan.bsn.foundation/static/BSN%20Spartan%20Network%20White%20Paper.pdf

Capítulo 1.

DERECHO Y BLOCKCHAIN

1. BLOCKCHAIN COMO TECNOLOGÍA DISRUPTIVA DE EJECUCIÓN DESCENTRALIZADA DE TRANSACCIONES JURÍDICAS

Blockchain (en inglés "cadena de bloques") es, en realidad, un registro público[3] (en el sentido de su acceso por parte cualquiera que controle este desarrollo tecnológico), que contiene transacciones[4] realizadas a través de un determinado "*token*"[5] ("*bitcoin*", "*ether*", *etc.*) y vinculadas cronológicamente de forma irreversible.

Cada bloque contiene una o varias transacciones encriptadas: mediante algoritmos[6] criptográficos, en el momento que

---

3 Salvo las redes permisionadas o privadas.

4 "Transacción", en este sentido, es la operación básica realizada en una red *blockchain* mediante la cual una dirección de la red envía un mensaje a otra dirección de la red (Internet).

5 El *token* es unidad de valor basada en criptografía y emitida por una entidad privada en una red 'blockchain' (*Bitcoin, Ethereum,* etc.). No son sólo criptomonedas: pueden servir para otorgar un derecho, pagar por realizar un trabajo, por ceder determinados datos (v.gr. datos personales, incluso datos de salud), para actuar como incentivo ("*nudge*"), etc.

6 Un algoritmo es un conjunto ordenado y finito de operaciones simples a través del cual podemos hallar la solución a un problema. Dicho de otra manera es una secuencia de instrucciones que permiten convertir los datos de un problema o cuestión (entrada) en una solución, decisión o respuesta (salida). La palabra algoritmo proviene del latín tardío *alborarismus*, y este a su vez es una abreviación del árabe clásico *"ḥisābu lḡubār"*, que significa 'cálculo mediante cifras arábigas'. Los algoritmos nos permiten ejecutar una acción o resolver un problema mediante una serie de instrucciones definidas,

se genera un nuevo bloque, éste se une al último añadido y se vincula en la cadena con efectos de irreversibilidad, de modo que nada ni nadie puede alterar o modificar lo contenido de un "*block*" incluido en la red.

La blockchain[7] constituiría así un registro público digital de las transacciones que han sido encriptadas e introducidas en el

---

ordenadas y finitas. Visto así, responden a esta definición desde un manual de usuario o una receta de cocina a un complejo programa informático. El funcionamiento del algoritmo en blockchain es el siguiente:
Activada una transacción, se registra como un "bloque" de datos en forma encriptada. Los bloques forman una cadena ("chain") que refleja la secuencia de las transacciones activadas y el momento exacto de su realización, uniéndose de forma automática e inmutable de forma que no se altere la información codificada. Los denominados "algoritmos de consenso" son el motor impulsor de esta tecnología: permiten tomar decisiones consensuadas, validar la información y asignar tareas a cada uno de los nodos que la componen.

7 Los datos se almacenan en lotes secuenciales denominados "bloques", cada uno de los cuales hace referencia criptográficamente a su antecesor. Los bloques están encadenados, de modo que los datos contenidos en un bloque no pueden modificarse sin hacerlo todos los anteriores y posteriores, lo cual requeriría el consenso de todos los "nodos" integrantes de la red. Cada usuario (es decir, cada computadora u ordenador de la red) debe aceptar los nuevos bloques y la cadena en su conjunto: este sistema de consenso entre «nodos» garantiza que todas las personas que interactúan con la cadena de bloques tengan los mismos datos pues el logro del "acuerdo distribuido" requiere el consenso. Ethereum se vale de un mecanismo de consenso conocido como "prueba de trabajo"– "*proof of work*"- o, más habitualmente, "minado", que funciona del siguiente modo: para que A envíe X cantidad de criptomoneda "*ether*" a B, la transacción debe "minarse" e incluirse en un bloque nuevo, compartiéndose el estado actualizado del mismo con todos los nodos operantes en la red. Una función criptográfica o "*hash*" es un algoritmo matemático que transforma cualquier bloque arbitrario de datos en una nueva serie de caracteres con una longitud fija. El denominado "*código hash*" es, de este modo, una sucesión alfanumérica (letras y números) de longitud fija, que identifica y representa a un conjunto de datos determinados (en los documentos firmados digitalmente con firma electrónica suelen figurar al pie o al margen).Estos códigos "*hash*" son únicos e identifican de manera inequívoca el conjunto de datos que representan por

ecosistema a través de un proceso informático de activación y verificación conocido como "minado": se denomina mineros ("miners") a aquellos agentes con conocimientos de programación que resuelven los retos computacionales que precisa la activación de los bloques introducción de datos para su registro e introducción y posterior ejecución descentralizada del clausulado o condicionado previsto "off-chain". De este modo, se evita o minimiza, cuando menos, la intervención de intermediarios, ahorrando costes económicos y temporales y garantizándose matemáticamente la transparencia y fiabilidad del sistema.

Frente a los sistemas tradicionales de carácter centralizado en los que la ejecución de las transacciones negociales requiere la intervención de múltiples agentes con funciones de intermediación, identificación de personas y autenticación de documentos, verificación, supervisión y control (mediadores, fedatarios públicos, registradores, etc.), la blockchain es un registro descentralizado[8] y distribuido[9], público[10], permanente

---

lo que nunca se van a generar dos "*hashes*" idénticos si los datos de entrada o *input* son diferentes: aplicando el algoritmo sobre un mismo archivo siempre se obtiene la misma secuencia alfanumérica, y, por el contrario, cualquier variación de los datos de entrada generaría un *hash* distinto. Por otro lado, las funciones *hash* son unidireccionales: a partir de los datos de entrada, se genera el código *hash*, pero partiendo del código *hash* no se pueden inferir (descifrar) los datos introducidos inicialmente, propiedad ésta que garantiza la seguridad y constituye la principal virtualidad de esta tecnología. *Vid.* https://ethereum.org/es/developers/docs/consensus-mechanisms/pow/

8 En una segunda acepción, *blockchain* es la tecnología que permite tales desarrollos de descentralización.

9 ANDREESSEN, M., "*Why bitcoin matters*": https://a16z.com/2018/02/10/crypto-readings-resources/

10 Las "cadenas de bloques" son públicas: toda la información sobre una cadena, que puede incluir datos personales, es accesible para aquellos que accedan al sistema, cuyas barreras de entrada se fijan tecnológicamente a través de algoritmos, no estando sometidas a supervisión o control humano externo. Las transacciones *blockchain* son irreversibles y resulta imposible modificar o

e inmutable que refleja todas las transacciones que se han verificado a lo largo de su historia con los datos encriptados de cada una de ellas. Su contenido no puede desaparecer ni destruirse, tan solo actualizarse sobre la base del consenso de la mayoría de participantes en el sistema, eliminándose el riesgo de manipulación que conlleva depender de proveedores centralizados, así como los costos inherentes a la intervención de entidades de supervisión y control.

Cuando se habla de estas tecnologías disruptivas, que afectan a transacciones entre particulares (también a las realizadas en el ámbito público, que no serán objeto de este trabajo), el profesional del Derecho se encuentra frente a un ecosistema digital integrado por conceptos y terminología procedente de la ciencia de la programación que resulta ajeno a las categorías de la ciencia jurídica y, por ello, de difícil comprensión.

Analizaremos a continuación el funcionamiento de la blockchain y sus clases, antes de abordar su virtualidad práctica en el ámbito de las relaciones jurídico-privadas y en el nuevo ecosistema de la salud digital y la medicina personalizada.

2. FUNCIONAMIENTO DE LA BLOCKCHAIN

La blockchain o "red de bloques" resulta ser, como se ha dicho, una especie de registro, base de datos o "Libro Mayor" de carácter descentralizado que posibilita el intercambio de información y la realización de transacciones entre iguales "*peer-to peer*" ("P2P"), minimizando la intervención humana en el proceso de programación, codificación, verificación, supervisión y sobre todo, ejecución de las mismas.

---

eliminar la información contenida en cada uno de los bloques, pues precisaría consenso: un consenso que es colectivo y que no afecta sólo a las partes intervinientes sino a todos los participantes implicados.

Decimos que minimiza, pero no excluye de forma absoluta (al menos en el estado actual de desarrollo) el "factor humano": se reduce la intervención de intermediarios pero no se eliminan totalmente las funciones de pre-programación, codificación y verificación externa de la información (mediante los denominados "oráculos", como veremos). De este modo, afirman los expertos[11] que, si bien las aplicaciones *blockchain* prometen hacer posible intercambios de valor sin intermediarios como paradigma de un "ordenamiento privado puro" (Tapscott)[12] en realidad "requieren que intervengan para, entre otras funciones: escribir el código, ejecutar el sistema y almacenar los datos, a fin de administrar, lo que desde el punto de vista jurídico deben verse solo como derechos personales". Además, esta tecnología "suele requerir de otros agentes como los "curators", que cumplen diversas funciones, incluidas la preselección de propuestas de aplicaciones y la prevención de ataques, y los "oráculos", encargados de aportar información externa a la cadena y que determinan las condiciones que desencadenan la ejecución contractual de los "smart contracts": por ejemplo, si el precio de mercado del petróleo llega a cierto nivel cuando ese nivel se especifica en una cláusula condicional del contrato. La dependencia de estos oráculos «socava el objetivo de que los acuerdos estén perfectamente libres de fallo humano» (Arruñada).

---

11 ARRUÑADA, B., "Limitaciones de blockchain en contratos y propiedad", *Revista Crítica de Derecho Inmobiliario,* nº 769, pp. 2465-2493. En el mismo sentido,vid. la traducción adaptada por Torras y Barenys del trabajo del autor, "Blockchain's Struggle to Deliver Impersonal Exchange", *Minnesota Journal of Law, Science & Technology*, 2018, vol. 19, pp. 55–105, disponible en: https://www.iefweb.org/es/publicacion-odf/limitaciones-blockchain-contratacion-propiedad/

12 TAPSCOTT, D., & TAPSCOTT, A. *Blockchain Revolution: How the Technology Behind Bitcoin Is Changing Money, Business, and the World Paperback,* Portfolio, Penguin, Nueva York, 2016, p.67. p. 67.

Este enorme registro que es "blockchain" se sostiene y fundamenta en las interacciones de un gran número de usuarios, agentes o "nodos" que operan de forma coordinada pero descentralizada, haciendo que los datos incluidos en los bloques (la información encriptada que contienen) sean públicos y accesibles, de forma tal que sólo un consenso entre todos ellos permita entrar a formar parte de la red[13]. Ello tendrá lugar a través de la creación de un nuevo "bloque" que se une a los preexistentes (mediante el "*hash*" o numeración, a modo de "huella dactilar" que lo identifica), incorporando, además de la información nueva, todos los datos de los anteriores y creándose una cadena (la "chain") cuyo contenido resulta así inmodificable[14].

---

13 En palabras de LARRECHEA, esto puede ser relevante interacciones en masa. Piénsese en las ofertas de venta de bienes o activos a personas indeterminadas: bajo un esquema tradicional el oferente se asegura de conocer los riesgos asociados a contratar (verificación de identidad, evaluación de solvencia, análisis de endeudamiento, estudios de patrimonio), problema que desaparece en un "smart contract "en que la transacción se ejecuta verificado el cumplimiento de las condiciones y términos acordados y codificados. DE LARRECHEA CARVAJAL, J. ORHANOVIC DE LA CRUZ, E. "Smart Contracts": Origen, Aplicación y Principales desafíos en el Derecho Contractual Chileno", Actualidad Jurídica n.° 42, Universidad del Desarrollo, Chile, 2020. https://derecho.udd.cl/actualidad-juridica/files/2021/01/AJ42-P107.pdf

14 En cuanto al sistema de cifrado o criptográfico, cada usuario ha de poseer una pareja de claves:la clave privada, custodiada por su propietario y la clave pública:conocida por todos los usuarios. Esta pareja de claves es complementaria: lo que cifra una sólo lo puede descifrar la otra y viceversa. Dichas claves se obtienen mediante complejos métodos matemáticos de forma que, por razones de tiempo de cómputo, es imposible conocer una clave a partir de la otra. Sobre el concepto de criptografía de "doble clave" o "clave asimétrica", puede consultarse el siguiente enlace: https://www.sede.fnmt.gob.es/curso-de-criptografia/criptografia-de-clave-asimetrica
Como señala GONZÁLEZ-MENESES, el denominador común de toda cadena de bloques reside en la concepción de un registro distribuido compuesto por nodos, el uso de claves criptográficas y encadenamiento de hashes de los distintos bloques. El hecho de que todos los usuarios tengan una "llave" y copia de todos los bloques evita que la información se centralice en manos de un agente

Las principales plataformas que implementan esta tecnología son Blockchain y Ethereum: el lenguaje de programación y codificación de esta última, denominado "Solidity", permite realizar, de forma más o menos sencilla (para alguien cuando menos iniciado) la codificación de las estipulaciones contractuales o negociales. Código inserto en un "bloque" incorporado a la plataforma elegida a la espera de ser resuelta y validada la transacción en él contenida. Concluido tal proceso en un breve espacio de tiempo, el nuevo bloque quedará enlazado al anterior y tendrá plena vigencia en la plataforma o cadena de bloques, asignándosele un código de identificación único e inmutable. Desde este momento, el "smart contract" se ejecutará de manera automática, según las condiciones pre-programadas.

Es indudable que este sistema es eficiente, pues elimina la mayor parte de los costes de transacción inherentes a la intervención de personas, documentación, etc. y por cuanto, por su misma naturaleza, conjura la posibilidad de incumplimientos contractuales, pues la transacción se ejecuta automáticamente sobre la base de algoritmos conforme a términos y condiciones previamente establecidas.

Como afirma Anguiano[15], "lo auténticamente revolucionario de este procedimiento es la forma de consensuar las anotaciones que serán incorporadas al registro. Hablamos de un consenso matemático en el que cada uno de los que interviene para alcanzarlo (mineros) ha de resolver un reto computacio-

intermediario (todos son usuarios o nodos verificadores, *ergo* el sistema es descentralizado), haciendo de blockchain un sistema en principio incorruptible, seguro, confiable (aunque en la práctica haya demostrado fallos), y eficiente, dada la reducción de costes que la delimitación de intermediarios y verificadores externos lleva asociada. GONZÁLEZ-MENESES GARCÍA-VALDECASAS, M. "Blockchain o cómo mecanizar la confianza", *Aranzadi Digital*, nº 1, 2020, p. 531

15 ANGUIANO,J.M. "Smart "Contracts'. Introducción al 'contractware' ", ANGUIANO JIMÉNEZ, J.M. *Diario La Ley,* 2 de enero 2019.

nal, un puzzle matemático que se solventa por fuerza bruta (prueba/error). La única forma de condicionar este consenso es atesorar una capacidad computacional superior al 50% de la de todos los mineros que intervienen. Como la superación del reto es onerosa (implica gasto en hardware y electricidad) influir en la decisión cuando participan un número suficiente de mineros es tan caro que para merecer la pena, la cantidad defraudada tendría necesariamente que ser muy elevada".

3. TIPOLOGÍA DE REDES BLOCKCHAIN

Puede hablarse de dos tipos de cadenas de bloques: públicas y privadas (también conocidas como permisionadas -"*permissioned blockchain*"-[16]).

- *Redes públicas*

Las redes públicas son aquellas que no exigen requisito alguno para unirse a ellas: puede hacerlo cualquiera con conexión a Internet y el software y conocimientos necesarios para poder acceder a la "*chain*" (red) y a la información contenida dentro de cada "*block*" (bloque).

- *Redes permisionadas*

En las "*permissioned blockchain*" el acceso a la cadena y el consenso necesario para interactuar en ella se halla controlado por un grupo limitado de usuarios, conocidos como "nodos de confianza" ("*trusted nodes*"): se exigen ciertos requisitos para poder formar parte y sólo determinados usuarios[17] tienen el

---

16 https://dataconomy.com/2022/11/permissioned-blockchain

17 TUR FAÚNDEZ, C., *"Smart contracts: análisis jurídico"*, Reus, Madrid, 2018, p. 39, citado por FETSYAK, I. "Contratos inteligentes: análisis jurídico desde el marco legal español", *REDUR* 18, diciembre 2020, págs. 197-236. http://doi.org/10.18172/redur.4898.

control sobre la verificación y agregación de nuevos datos en la red. La validación de las transacciones se controla por grupos preseleccionados de miembros: por ejemplo, entidades financieras que operan cada una de ellas un nodo, exigiéndose un número determinado de usuarios para que pueda activarse válidamente una transacción[18].

4. "LEX CRYPTOGRAPHICA", "LEX EX MACHINA"...: ¿"CODE IS LAW"?

Esta novedosa forma de realizar intercambios que satisfacen intereses de distintas partes a través de tecnología informática basada en uso de claves criptográficas y encadenamiento de "*hashes*" está dotada de eficacia jurídica. Ahora bien, sus singularidades (en particular su carácter descentralizado, el efecto de irreversibilidad y la imposibilidad de incumplimiento) han llevado a acuñar una expresión ("*lex cryptographica*") bajo la cual se ha llegado a considerar el surgimiento de una nueva "fuente" de las obligaciones jurídicas, que se añadiría a la ley, el contrato, los cuasicontratos y los actos y omisiones ilícitos o en los que interviene algún tipo de culpa o negligencia (art. 1089 CC).

Se hace referencia, así a una supuesta "*lex ex machina*", que condensaría su potencial jurídico en la gráfica expresión *"Code is Law":* lo codificado obtiene fuerza de ley, obligando el "código" automáticamente y con rotundos efectos de irreversibilidad, más allá del pacto o de la ley (quizá ninguna) que lo fundamen-

---

18 Vid. GONZÁLEZ-MENESES GARCÍA-VALDECASAS, M. "Blockchain o cómo mecanizar la confianza", *Aranzadi Digital*, nº 1, 2020, pp. 1-17 y "Smart contracts": ¿hacia una economía sin derecho contractual?", *Aranzadi Digital*, nº 1, 2020, p. 11, TUR FAÚNDEZ, C., *"Smart contracts: análisis jurídico"*, Reus, Madrid, 2018, pp. 38-40 y PORXAS, N. y CONEJERO, M., "Tecnología blockchain: funcionamiento, aplicaciones y retos jurídicos relacionados", *Actualidad Jurídica Uría Menéndez*, nº 48, 2018, pp. 28 y 29.

te. Lo acordado a través de esta tecnología obligaría tal y como lo hace la ley o el convenio que nace de la autonomía de la voluntad (art. 1255 CC) y su "*enforcement*" vendría proporcionado por el código (*rectius*: el algoritmo que codifica), vinculando de este modo a los intervinientes.

Repárese, en este punto, en el salto cualitativo que supone la transacción "*blockchain causa*" respecto de la realizada vía telemática u "online". Y es que no se trata ya de *lo digital* como instrumento, medio (telemático) o forma (online) de celebración del acto, contrato o negocio jurídico (v.gr. contratación a distancia con firma electrónica, contratación online mediante "*click*"), sino de una nueva categoría de transacciones de base tecnológica que, a través de redes de bloques o cadenas *blockchain* de base descentralizada, satisfacen funcionalmente, como se verá, finalidades contractuales típicas, como la compra y venta de activos, arrendamientos, leasing, préstamos con garantía hipotecaria, seguros privados, pago de compensaciones en contratos de transporte de pasajeros, etc.

Tecnología que, a la fecha, podría quizás sustraerse a la ley (de cada sistema nacional) pero no a la juridicidad de los efectos que se desencadenan. El algoritmo, del que se llega predicar una infalibilidad casi absoluta, es ese gran desconocido del jurista, que es, generalmente, "lego tecnológico" y desconfía de las derivadas jurídicas de desarrollos ajenos a su ámbito de actividad: logaritmo al que se encomienda nada menos que verificar si se cumplen las condiciones para la ejecución de las prestaciones previstas en acuerdos o contratos, además de otras aplicaciones. En el caso de originarse problemas de cumplimiento por fallos en el sistema u otras circunstancias, sólo quedaría el recurso a los remedios que, previstos anticipadamente, hayan sido insertos y codificados en la red de bloques ("*self-help*").

De ahí la conveniencia de que el operador jurídico conozca el "modus operandi" de este sistema, en el que las transacciones reciben la denominación de contratos inteligentes. Aunque quizá, como veremos, no sean ni lo uno ni lo otro.

5. TRANSACCIONES EN BLOCKCHAIN: LOS "SMART CONTRACTS"

Tratándose de sistemas descentralizados, en sus redes tienen lugar "transacciones", no contratos ni negocios jurídicos, que se sustraen a la tradicional clasificación en ellos de elementos personales, objetivos y formales: las "partes" de un contrato se sustituyen por los "usuarios" que actúan a través de "nodos" despersonalizados (en realidad, computadoras), en un sistema decisorio de consenso operado por algoritmos ("algoritmos de consenso" como PoW[19]): la contraprestación se satisfará en unidades de valor o *tokens (*usualmente, criptomonedas).

La declaración de voluntad que es la base del negocio jurídico tradicional es sustituida por la activación de bloques mediante claves criptográficas, haciendo innecesaria (al menos parcialmente) la intervención de fedatarios públicos, registradores[20] u otros intermediarios merced a la automaticidad algorítmica.

---

[19] El más utilizado es el de "Prueba de trabajo" (PoW), que es el que utiliza bitcoin, si bien hay otros.
Vid. RED, R. *Consenso de PoW: Pow híbrido explicado.* https://academy.binance.com/es/articles/hybrid-pow-pos-consensus-explained https://101blockchains.com/es/algoritmos-de-consenso-blockchain/

[20] En el Reino Unido se ha implementado la tecnología blockchain en el "HM Land Registry" desde el proceso de automatización robótica de procesos (RPA) como una herramienta táctica de mejora de la organización registral: la ambición es *"convertirse en el registro de tierras líder en el mundo por su velocidad, simplicidad y un enfoque abierto de los datos"*. Si bien queda mucho por recorrer en la automatización del registro de bienes inmuebles y derechos como la hipoteca mobiliaria y prenda sin desplazamiento posesorio, a través de este sistema se aspira a que cada propiedad se codifique de forma única y se vincule a una clave inteligente que sólo poseería el propietario o titular del derecho, con la consiguiente disminución de costes personales, temporales y económicos.
https://www.uipath.com/resources/automation-case-studies/hm-land-registry-rpa-government#:~:text=HM%20Land%20Registry%20

Este tipo de transacciones o acuerdos se construyen sobre bases de datos distribuidas (DLT): a diferencia de las tradicionales, las "DLT" no se hallan almacenadas en un único lugar, sino que se encuentran registradas de forma compartida: múltiples usuarios ostentan una "copia" de la misma[21], por lo que resulta imposible alterarla de forma fraudulenta, lo que incrementa su fiabilidad.

Sobre este registro distribuido ("*distributed ledger technologies*", o tecnología de cadenas de bloques-"*blockchain*"-), se construyen programas con un modo de funcionamiento (secuencia "*if-then*") que recuerda, en cierto modo, al de un sistema sencillo como el termostato, que requiere programar la máquina y activar el mecanismo, obteniéndose de forma automática el efecto pretendido:

- Si -"*if*"- [*baja la temperatura por debajo de 19 grados*];
- Entonces -"*then*"- [*se enciende la caldera*].

Utilizando otro ejemplo de Szabo[22], el de la máquina de "vending":

- Si –"*if*"- [*introduzco la moneda indicada en la ranura o acerco "contactless", la tarjeta de crédito u otro medio de pago al lector del código para la obtención del producto deseado*];
- Entonces-"*then*" [*la máquina se encarga de forma automática de elaborar y expedir el café en la opción elegida para su recepción por el consumidor*].

---

is%20a%20UK%20government%20department,be%20secured%20against%20property%20across%20England%20and%20Wales.

21 La información se introduce a través de un registro inalterable (garantizado mediante criptografía), que se replica en todos los participantes o nodos mediante un protocolo de comunicaciones estándar accesible a todos ellos.

22 SZABO, N., "Smart contracts: Building blocks for digital markets",1996. http://www.fon.hum.uva.nl/rob/Courses/InformationInSpeech/CDROM/Literature/LOTwinterschool2006/szabo.best.vwh.net/smart_contracts_2.html

Blockchain es la tecnología que permite, con otros desarrollos posteriores, los que se conocen como “contratos inteligentes”. Los “smart contracts” son, en realidad, complejos programas informáticos que facilitan, aseguran, hacen cumplir y ejecutan acuerdos o contratos-base registrados entre personas y organizaciones. Utilizan las tecnologías DLT para ejecutar, de forma automática y descentralizada, las prestaciones y efectos (obligacionales o jurídico-reales, como veremos) que de ellos derivan, sin intervención humana alguna más allá de la fase inicial de generación o programación y de su activación o puesta en funcionamiento: tras ello, la ejecución es automática y no cabe sino cumplir (salvo improbable fallo del sistema).

La ejecución es, de este modo, la fase que concentra las virtualidades de este modo de proceder, pues, verificado el cumplimiento de aquellas condiciones o términos que han sido pre-programados mediante algoritmos matemáticos, el cumplimiento se automatiza.

Ello, con dos consecuencias, sobre las que se profundizará más adelante:

Una: deviene imposible incumplir . Lo cual, quiérase o no, cambia el rol que está llamado a desempeñar el jurista, que pasa a ser de asesoramiento preventivo, negociación asistida y redacción “off chain” de las cláusulas que integran el clausulado que deberá traducirse a “código” o lenguaje criptográfico.

Y, dos: resulta inalterable lo registrado, *ergo* no hay posibilidad de novación modificativa, ni de revisión “ex post” sobrevenidas circunstancias extraordinarias e imprevisibles que, alterando el equilibrio entre las partes, hagan excesivamente gravoso para una de ellas el cumplimiento de lo acordado (cláusula “*rebus sic stantibus*”, teoría de la imprevisibilidad o de la desaparición de la base del negocio, etc.). Como tampoco los derechos de exclusión, rectificación, cancelación, derecho de supresión, etc. reconocidos en el RGPDP y en la LOPDP en lo que se refiere a los datos personales, entre otras cuestiones que plantean.

Unos denominados "contratos inteligentes" que, como se ha llegado a decir (a mi juicio con razón) ni son *inteligentes* ni pueden considerarse *contratos* en el sentido jurídico del término, tal y como los conoce hoy el operador jurídico. Lo cual no quiere decir que esta tecnología no sea ya una realidad (desconocida en gran medida, pero realidad al cabo), que convive con las tradicionales modalidades de negocios jurídicos y contratos celebrados entre presentes o entre ausentes, de forma verbal, escrita, online, etc., de acuerdo con los requisitos y con los efectos que provee el ordenamiento jurídico que resulte de aplicación.

El ámbito de los servicios financieros[23], el asegurador, el de la energía y el retail (distribución comercial, canales de venta minorista, logística, etc.) son los sectores de actividad que más rápidamente han adoptado estas nuevas fórmulas de digitalización, llevan aparejadas indudables ventajas a la vez que plantean no pocas cuestiones a la hora de resolver conflictos transfronterizos en un sistema global que rebasa fronteras geográficas y políticas[24].

Más allá de las discusiones doctrinales acerca de la naturaleza de estas transacciones activadas tecnológicamente, cuestión a la que más adelante nos referiremos, no cabe duda de que se trata de negocios que despliegan su virtualidad en el ámbito jurídico vinculando a través de un "*enforcement*" que se despliega de forma automática y sin necesidad (al menos parcialmente) de intermediarios, de acuerdo con la pauta pre-programada merced al algoritmo.

---

23 *Vid.* VALPUESTA GASTAMINZA, E. "La participación de entidades de crédito en «redes semipúblicas permisionadas» basadas en la tecnología blockchain". VALPUESTA GASTAMINZA, E. en *Regulación bancaria y actividad financiera*, GONZÁLEZ VÁZQUEZ, J.C. Y COLINO MEDIAVILLA, J.L. (Dir.), Wolters Kluwer La Ley, junio, 2020.

24 Tal y como reconocen en el "Innovate Finance Global Summit" (2018) los mismos creadores de estas tecnologías:https://www.techworld.com/social-media/sir-tim-berners-lee-lays-out-nightmare-scenario-where-ai-runs-world-economy-3657280/

Es, como decimos, en la fase de ejecución donde estos supuestos "contratos inteligentes", gracias a la descentralización que caracteriza la red de bloques, muestran su singularidad frente a modelos negociales tradicionales, con ventajas notables, especialmente en los ámbitos financiero, asegurador y en el sector de la Salud Digital ("e-Health").

También en este punto se suscitan cuestiones y pueden plantearse conflictos prácticos que apelan directamente a un operador jurídico que asiste atónito al desarrollo exponencial que experimental las tecnologías disruptivas y la Inteligencia Artificial. A nuestro juicio, esta nueva categoría de transacciones digitales con efectos económicos y jurídicos exige la provisión de moldes conceptuales y, principios fundamentadores de un marco normativo que les provea de encaje jurídico sin obstaculizar su desarrollo: se trata, en definitiva, de salvaguardar las exigencias de seguridad y justicia propias de los ordenamientos democráticos (v.gr, articulando remedios a situaciones de conflicto y, sobre todo, de vulnerabilidad negocial). Y es que, como afirma Argelich[25], el nuevo paradigma en que se basan los "smart contracts" "reserva al Derecho un papel que le es impropio, si consideramos la necesaria tarea interpretativa para aplicarlo al caso concreto. Asimismo, se alteran las bases de la contratación tradicional, porque se sustituye la confianza en la contraparte y su solvencia en favor de un código informático, que mecaniza las prestaciones y su "enforcement" al margen de la jurisdicción, reforzando el papel de la "self-help" o remedios privados para adaptar el contrato o desvincularse".

---

25 ARGELICH COMELLES, C. "Smart contracts o Code is Law: soluciones legales para la robotización contractual", *INDRET*, 2, 2000. https://indret.com/wp-content/uploads/2020/04/04-Argelich-numerat.pdf

En los "smart legal contracts" (SLC)[26], que son aquellos contratos inteligentes basados en previos acuerdos generalmente celebrados "off-line", la tecnología pasa a desempeñar un papel protagonista, más allá de los elementos jurídicos típicos del contrato-marco en que se sustentan: partes del contrato, consentimiento contractual válido, objeto determinado y lícito, causa del negocio, forma, etc... Si bien es cierto que sin programación algorítmica no hay contrato inteligente, al menos en el estado de desarrollo actual, se precisa la colaboración del experto en Derecho para la determinación de los términos y condiciones de un peculiar clausulado[27] (encriptado en un código criptográfico) que traduzca y canalice las pretensiones de las partes, esto es, los intereses y necesidades que pretendan satisfacerse activando la transacción.

---

[26] SLC son auellos que tienen su base en un acuerdo legal redactado por juristas, ergo sometido al posible enjuiciamiento por los tribunales de justicia en caso de suscitarse controversia, más allá de su peculiar "enforcement". LLEN, JASON/ HUNN, P. "Smart Legal Contracts. Computable Law in Theory and Practice", Jason Allen & Peter Hunn (Dirs), Oxford University Press, 2022.

[27] Como en el ejemplo del *vending*, con carácter previo es necesario determinar las condiciones y términos, recíprocamente aceptados y jurídicamente válidos, destinados a desencadenar la auto-ejecución de las prestaciones de la operación que se desee realizar mediante su inserción en la cadena de bloques.

Capítulo 2.

DESCENTRALIZACION Y CONTRATOS: LOS "SMART CONTRACTS" COMO CATEGORIA JURIDICA FUNCIONAL

1. "SMART CONTRACT": CONCEPTO

Si bien, como veremos, algunas aplicaciones "blockchain" conectan con los Derechos reales y el Derecho inmobiliario y registral (Registro de la Propiedad descentralizado, Internet de las Cosas[28] -"IdC", etc.), con el Derecho de Sucesiones (canalización de la voluntad testamentaria y conducto entre el testador y el notario[29], o transmisión de la mal llamada "herencia digital", memorias "post mortem" "cápsulas del

---

28 Computadoras conectadas en Internet, máquinas, automóviles, sensores, dispositivos inteligentes como *smartphones*, electrodomésticos, vestimenta, calzado, *devices* como relojes y pulseras inteligentes, y hasta aplicaciones en el mercado energético comienzan a ser una realidad generalizada en organizaciones y hogares y constituye un ámbito en el que se pone a prueba la eficiencia, la trazabilidad, la interoperabilidad y, sobre todo, la seguridad de las interacciones entre las personas y estos dispositivos y entre cosas automatizadas entre sí.

29 Como apunta LOPEZ DEL MORAL, I. "Law and Trends", 2017, Disponible en https://www.lawandtrends.com/noticias/tic/blockchain-en-el-ambito-sucesorio-1.html#:~:text=Sin%20embargo%2C%20lo%20cierto%20es%20que%20los%20beneficios,las%20ventajas%20de%20su%20aplicación%20en%20materia%20testamentaria.

tiempo"), es en el ámbito de las transacciones contractuales[30] donde se manifiesta en toda su amplitud la virtualidad de esta tecnología.

Actualmente, los tipos contractuales a través de los cuales se instrumentan las transacciones con efectos jurídicos (compraventas, cesiones de créditos, arrendamientos de bienes y servicios, leasing, préstamos, fianzas y otras operaciones de garantía personal o real, depósitos, etc.), ya sean monetarias, de activos mobiliarios, inmobiliarios, materiales o inmateriales, que se realizan entre sujetos de derecho privado (particulares o empresarios, personas físicas o jurídicas), pueden operar de dos modos:

- De forma tradicional. Esto es, convencionalmente tal y como las conocemos: en el Derecho español, al amparo del art. 1255 CC y con las consecuencias derivadas de los arts. 1262 CC (contratos civiles) y arts. 54 y siguientes CCom (contratos mercantiles). Estas transacciones tienen lugar de modo centralizado, con sujeción a las exigencias de los sistemas normativos vigentes en cada estado (o según las reglas del Derecho Internacional, de haber distintos puntos de conexión) e intervención de entidades y agentes diversos (abogados, notarios, registradores civiles, de la propiedad y mercantiles, etc.) que desempeñan funciones de verificación de identidad, fe pública o acreditación de la capacidad de los otorgantes, control de legalidad, identificación de los títulos de propiedad y calificación registral, etc.);

30 Y en el control y protección de los datos personales de salud en el contexto del nuevo paradigma de "E-Health" en el que se fundamenta la medicina personalizada ("*Med Per*") de tipo preventivo y predictivo.

- De forma descentralizada[31] y sin entidad o agente alguno encargado de verificar la capacidad, autenticidad, veracidad y legalidad de las operaciones realizadas.

Las primeras responden al tráfico jurídico-negocial tradicional, que representa en la actualidad la mayor parte de transacciones, tanto nacionales como internacionales. Las segundas son los "smart contracts" (SC), así denominados aún no siendo estricto sensu, ni inteligentes en la acepción del término ni propiamente contratos como fuente de obligaciones ex art. 1089 CC: negocios que nacen de la concurrencia de dos o más voluntades destinadas a producir efectos jurídicos.

Se trata de transacciones que operan a través de redes descentralizadas que utilizan la tecnología blockchain *y* hacen depender sus efectos de la verificación de la concurrencia de ciertas circunstancias merced al algoritmo y, en su caso, a los denominados "oráculos" o fuentes externas de verificación.

---

[31] VITALIK BUTERIN describió que un sistema descentralizado debe serlo a un triple nivel: arquitectónico, lógico y político. La descentralización arquitectónica se da en una red P2P ("*peer-to-peer*") con nodos distribuidos en varios sistemas autónomos ("*autonomous systems*") que son las vías troncales de Internet. La descentralización lógica se debe al hecho de ser de código abierto ("open source") además de ser transparente con equipos de desarrolladores independientes y diferentes implementaciones del protocolo, aunque SATOSHI NAKAMOTO ((聡·中本), seudónimo con el que se conoce al creador de Bitcoin no era partidario de múltiples implementaciones. Bitcoin permite mantener la resistencia a censura y la inmutabilidad de las transacciones, eliminando la necesidad de tener que confiar en un ente central. Con Bitcoin se distribuye la confianza entre muchos entes, posibilitando un dinero descentralizado gestionado también de forma descentralizada. Mediante incentivos y teoría de juegos se impide que un grupo determinado (desarrolladores, mineros, inversores, mercados, usuarios,..) tenga capacidad por sí solo de alterar unilateralmente el protocolo, incrementándose, se dice, la fiabilidad, transparencia y resiliencia del sistema.
Vid. https://medium.com/@VitalikButerin/the-meaning-of-decentralization-a0c92b76a274

Utilizar esta tecnología requiere de una criptomoneda como medio de pago: debe introducirse una cantidad determinada junto con la información a registrar y la definición de las reglas, términos y condiciones de la transacción.

La singularidad de este sistema tecnológico se proyecta en el elemento nuclear de toda transacción con efectos jurídicos, que es la voluntad: voluntad capaz y libre que es origen y fundamento del consentimiento negocial válido apto para producir efectos jurídicos.

A diferencia del consentimiento de las partes de un contrato (unilateral, bilateral o multilateral), o del que sustenta esencialmente el negocio dispositivo "mortis causa" de carácter unilateral (testamento o declaración de últimas voluntades), la introducción de nuevas transacciones en la cadena tiene lugar mediante una operación de "activación" de un nuevo bloque que requiere el uso de criptografía[32](es decir, traslación a código de la información o datos) y, lo que es fundamental: un peculiar procedimiento de consenso colectivo basado en la unanimidad. Sin consenso unánime del resto de usuarios del sistema o de los usuarios autorizados (en el caso de redes semi-

---

32 En la actualidad, una variedad de proveedores de servicios se encarga de codificar (esto es, de trasladar al lenguaje de código informático) lo dispuesto en lenguaje común y gramatical por los intervinientes en una transacción. Entre otras, *Solidity, QSCL, Quorum, Hyperledger Fabric* o *Alastria*, entre otras, posibilitan tal transformación y ejecución del contrato, lo cual, como sostiene FERNANDEZ, requiere un enfoque cooperativo entre el Derecho y la Tecnología. FERNANDEZ C. "El marco jurídico de los Smart Contracts", *Diario La Ley, Sección Ciberderecho*, noviembre de 2021. Asimismo, el Informe elaborado para la Comisión Europea por SCHREPEL señala que "*Solidity representa un lenguaje de programación empleado en Ethereum, parecido a Javascript en la sintaxis, pero completado para una mejor adaptación del lenguaje común al lenguaje de código*". SCHREPEL, T. *Smart Contracts and the Digital Single Market Through the Lens of a "Law +Technology Approach*, Springer, 2020.

públicas o permisionadas) no se activan los nuevos bloques ni se ejecutan las condiciones en ellos incluidas.

Al igual que en un contrato tradicional, en el "smart contract" están predefinidas "ex ante" ciertas reglas de ejecución y sus efectos, pero la ejecución de las prestaciones no dependerá ya (como en el cumplimiento del clásico contrato) de la voluntad de las partes intervinientes, sino de un programa informático basado en la aplicación de un logaritmo que actuará automáticamente, tan pronto identifique la concurrencia de los supuestos desencadenantes.

Como decimos, la automaticidad ("*if-then*") requiere que, previamente, se hayan programado dichos términos y condiciones: entre ellos, el pago de la prestación objeto de la transacción en criptomonedas o monedas virtuales (v.gr., bitcoin) a fin de evitar órdenes de pago posteriores. Es por ello que entendemos que un desarrollo de los "smart contracts" que satisfaga las necesarias exigencias de justicia y seguridad jurídica (art. 9.3 CE) requiere de una sinergia interdisciplinar entre programadores informáticos, agentes económicos y operadores jurídicos. Tecnología y Derecho han de ir necesariamente de la mano.

No deben, sin embargo, identificarse los "smart contracts" con formatos contractuales que utilizan de forma exclusiva la tecnología de la cadena de bloques. Como apunta Echebarría[33], conforme a un patrón de "neutralidad tecnológica" como principio reconocido en nuestro ordenamiento jurídico (art.2.2.LSSI)[34], debe considerarse "smart contract" a cualquier

---

33 ECHEBARRÍA SÁENZ, M. (2017). "Contratos Electrónicos Autoejecutables (Smart Contract) y Pagos con Tecnología Blockchain", *Revista de Estudios Europeos,* Nº 70, julio-diciembre, 2017. Monográfico-Economía colaborativa. Disponible en: http://www.ree-uva.es/

34 Según el núm. 2.del art. 2 LSSICE " *Los prestadores de servicios podrán utilizar dispositivos de almacenamiento y recuperación de datos en equipos terminales de los destinatarios, a condición de que los mismos hayan dado su consentimiento después*

acuerdo en el que se formalicen todas o algunas de sus cláusulas mediante "*scripts*" [35] o pequeños programas cuyo efecto es la ejecución automática de lo convenido, sin que quepa modificación o inejecución de la prestación debida. Aunque el convenio pueda ser escrito en lenguaje humano convencional, al menos una parte deberá trascribirse en código de programación que, propiamente, es un programa (informático) de ejecución.

Como se ha dicho, el formato de estas transacciones se basa en la secuencia conocida como "*if-then*". Si se verifican "*ex machina*" determinados hechos, actos o conductas, se desencadenan las consecuencias previstas en el acuerdo-marco previo. La pregunta que se plantea a continuación es la siguiente: ¿cómo saber si si han tenido lugar o no tales hechos, actos o conduc-

---

de que se les haya facilitado información clara y completa sobre su utilización, en particular, sobre los fines del tratamiento de los datos, con arreglo a lo dispuesto en la Ley Orgánica 15/1999, de 13 de diciembre, de protección de datos de carácter personal".

Cuando sea técnicamente posible y eficaz, el consentimiento del destinatario para aceptar el tratamiento de los datos podrá facilitarse mediante el uso de los parámetros adecuados del navegador o de otras aplicaciones.

Lo anterior no impedirá el posible almacenamiento o acceso de índole técnica al solo fin de efectuar la transmisión de una comunicación por una red de comunicaciones electrónicas o, en la medida que resulte estrictamente necesario, para la prestación de un servicio de la sociedad de la información expresamente solicitado por el destinatario".

Según el "principio de neutralidad tecnológica", cuando el legislador regula una cuestión técnica lo debe hacer de la forma más genérica posible, sin dar preferencia en concreto a tecnología alguna.

35 El "*script*" es un documento que contiene instrucciones escritas en códigos de programación. Es un lenguaje de programación el que ejecuta diversas funciones en el interior de un programa informático. Los "scripts" cumplen las siguientes funciones: combinar componentes; interactuar con el sistema operativo o con el usuario; controlar un determinado programa o aplicación; configurar o instalar sistemas operacionales, especialmente en los juegos, se usa para controlar las acciones de los personajes. Fuente: "Script". *Significados.com.*

tas, que generalmente suceden o tienen lugar en el mundo "real" (por contraposición al "digital")? Dicho de otra manera: ¿quién o qué, y de qué modo, verifica, valida, constata… la realización o acaecimiento de este "*if*" que pone en pie, valga la expresión, la consecuencia "*then*"? Se precisa un elemento de enlace entre dos entornos regidos por lógicas diferentes: el mundo real o analógico y la realidad digital.

Esta "validación" de las condiciones incluidas en el "clausulado" inserto en los bloques de los "SC" se realiza a través de lo que en este ámbito se conoce como "oráculos"[36]. Se trata de fuentes de información externa señaladas como indicadores o índices de carácter objetivo que acreditan el acaecimiento de determinados hechos o la realización (u omisión) de ciertos actos: como, por ejemplo, la aprobación por parte de la entidad financiera del préstamo solicitado para la compraventa de un inmueble, la indicación de llegada a destino de la mercancía en el documento de trazabilidad, la superación de determinado umbral o nivel para la validación o cancelación de una transacción como el índice de cotización de un activo, etc., a modo de "semáforos" que determinan que la contraprestación (jurídicamente cumplimiento o pago de la obligación) ha de ejecutarse.

Es este uno de los elementos, pero no el único, como veremos, en el que el elemento digital precisa del real, haciendo quebrar, siquiera parcialmente, la pretendida naturaleza de la blockchain como ordenamiento tecnológico-privado puro, autorregulado y suficiente en sí mismo, regido por la máxima "*Code is Law*" o "*Lex ex Machina*"[37].

---

36 Del latín "oraculum" y del griego "μαντειον·, representaban las "respuestas" de las divinidades a las cuestiones planteadas.

37 Su consideración como una nueva rama del Derecho, conocida como "lex cryptographica", es analizada por MENA en "La regulación del blockchain: cuestionando la identidad entre el código y la ley". En este trabajo,

Por otro lado, la ausencia de intermediarios plantea el interrogante de si esta tecnología está llamada a suplir en el futuro el rol de ciertos operadores jurídicos que cumplen importantes funciones en el actual sistema: registradores y fedatarios públicos, principalmente. En este sentido, con razón se afirma que *"(...) el Blockchain es un sistema de registro, pero nada aporta en la función de control jurídico y de legalidad e información del consentimiento que aporta el notario en el documento público"*[38].

Precisamente por ello, el debate acerca de la naturaleza jurídica del contrato inteligente (es decir, el interrogante acerca de si los "smart contracts" pueden considerarse o no contratos) no se presenta como una cuestión pacífica.

2. SU DISCUTIDA NATURALEZA JURÍDICA

2.1. Sobre si es o no contrato, en qué sentido y con qué efectos (prácticos)

Desde que, en 1994, Nick Szabo publicara su famoso "*Smart Contract Glossary*"[39], han sido múltiples los foros de expertos que han abordado el rol que está llamado a desempeñar el Derecho privado en el actual escenario tecnológico.

Podría pensarse que hubiera emergido una nueva categoría o tipología contractual singularizada por una supuesta condi-

---

la autora analiza posibles formas de regulación en función de las distintas finalidades de sus aplicaciones, de los puntos de acceso, así como los sujetos implicados. MENA DURÁN, M.L. "La regulación del blockchain: cuestionando la identidad entre el código y la ley", *Revista Aranzadi de Derecho y Nuevas Tecnologías,* Nº. 55, 2021.

38 FRANCÓS NUÑEZ, E. "*Blockchain, función notarial y registro*". *Revista del Colegio Notarial de Madrid,* núm. 103, Madrid, mayo-junio, 2022.

39 Disponible en https://archive.md/NNVuP

ción "inteligente" que añadiría a las características tradicionales del negocio contractual (fuerza obligatoria ex arts. 1089, 1091, 1254, 1258, 1278 CC; eficacia "*inter partes*" –arts. 1256 y 1256 CC- e irrevocabilidad –arts. 1091, 1256 y 1258 CC: "*pacta sunt servanda*"), las derivadas de la aplicación de esta novedosa tecnología: automaticidad, irreversibilidad, publicidad y transparencia de unas transacciones que se adaptan a diversas finalidades en el mercado de bienes y servicios y que tienen su origen en previos acuerdos-marco tecnológicos.

Si partimos de la acepción etimológica del término, contrato es (R.A.E) un *pacto o convenio, oral o escrito, entre partes que se obligan sobre materia o cosa determinada, y a cuyo cumplimiento pueden ser compelidas.*

En su acepción jurídica, "el contrato supone un acuerdo de voluntades jurídicamente vinculante entre personas con intereses opuestos dirigido a crear, transferir, modificar o extinguir derechos patrimoniales" (Lacruz)[40]. Es clásica también la definición de Díez Picazo como el negocio jurídico bilateral por el que se constituye, modifica o extingue una relación jurídica patrimonial[41].

---

40 LACRUZ BERDEJO, J.L. "Elementos De Derecho Civil Tomo II, Derecho de Obligaciones, V. 2. Contratos y Cuasicontratos, Dykinson, enero 2013, 5ª edición, p. 524.

41 El Código Civil español no contiene una definición de contrato pero diversos preceptos se refieren al mismo como una de las fuentes de las obligaciones (art. 1089 CC). El art. 1091 CC, por su parte, dispone que las obligaciones que nacen de los contratos tienen fuerza de ley entre las partes contratantes, y deben cumplirse al tenor de los mismos. Por último, el art. 1254 dispone que "El contrato existe desde que una o más personas consienten en obligarse respecto a otra u otras a dar alguna cosa o prestar algún servicio". Se destaca de este modo el consentimiento de las partes y el efecto generador de obligaciones que es propio del negocio jurídico contractual. Dicho precepto englobaría las dos acepciones del contrato según Kelsen, como acto y como reglamentación o norma. Como acto, es un acto jurídico al que el ordenamiento atribuye efectos. En cuanto norma, se trata de una regla de

Quienes consideran los "smart contracts" como un subgénero dentro de los contratos relacionan su funcionamiento con el de la contratación por adhesión: la ausencia de acuerdo previo en este tipo de transacciones se asimila en cierto modo a la predisposición del contenido contractual, limitándose la contraparte a la adhesión a las condiciones predispuestas, comprobándose por la red su identidad así como los requisitos de validez necesarios para activar el código informático origen de un nuevo bloque que será incorporado a la cadena.

El interrogante acerca de si el "smart contract", así entendido, puede o no considerarse contrato en la acepción jurídica del término, conecta directamente con la autonomía de la voluntad como capacidad autorregulatoria de las personas dentro de los límites de las leyes (imperativas), la moral socialmente aceptada y los principios y normas que vertebran el ordenamiento constitucional y se conoce como "orden público" (art. 1255 CC).

La libertad de contratar es una de las manifestaciones más importantes de la autonomía de la voluntad, que se manifiesta es un poder individual de las personas para determinar la propia conducta en orden a la consecución de sus necesidades e intereses mediante la creación, modificación o extinción de relaciones jurídicas con fuerza vinculante (*lex privata*). La STS de 12 de mayo de 2005 (RJ 2005, 3994) conceptúa en este sentido la autonomía de la voluntad como "poder de autodeterminación de la persona, reconocido por el derecho privado como uno de los principios básicos proclamado explícitamente por el art. 1255 CC reiterado por la jurisprudencia".

---

conducta, una ordenación a la que los particulares someten su conducta (Díez Picazo y Gullón). Esta última acepción conecta mejor con los "smart contracts" o contratos tecnológicos.

Cuando hablamos de negocios jurídicos privados, la autonomía privada implica:

- Libertad para constituir o no constituir relaciones jurídicas (DÍEZ PICAZO)[42]. *"Contracter, c´est d´abord vouloir"* voluntad de contratar, o de no hacerlo, lo cual presupone libertad. Así lo establecen algunas disposiciones de nuestro Código civil (arts. 1254, 1256, 1257, 1258, 1259, 1261, 1262 CC);
- Libertad, además, para elegir a la otra parte del contrato, que se manifiesta en los contratos celebrados "*intuitu personae*" pero también en los predispuestos con condiciones generales cuando se contratan servicios (telecomunicaciones, suministro de agua, electricidad o gas, seguros, servicios financieros, etc.) en un contexto de libre competencia, lo que exige que las condiciones difieran en algún aspecto de modo tal que exista posibilidad real de elección entre alternativas diferentes.

La tecnología blockchain parte de una (supuestamente incuestionable) libertad para verificar transacciones a través de plataformas tecnológicas, pero jurídicamente se plantean cuestiones que, en la práctica y en caso de suscitarse controversia, deberán ser examinadas y resueltas aplicando el principio de legalidad por los jueces y tribunales al amparo del art. 24 CE (derecho fundamental a la tudela judicial efectiva), que no admite excepción en este punto (salvo que se articulen remedios autocompositivos como la negociación o la mediación o se incluya una cláusula de sumisión a arbitraje). Y así:

a. Aun teniendo en cuenta el referido principio de *neutralidad tecnológica,* en nuestra opinión resulta más que dudosa la posibilidad de traslación a este ámbito de las transacciones operadas algorítmicamente del esquema

---

42 Díez Picazo, L. Fundamentos de Derecho, p. 126.

de concurrencia de oferta y la aceptación como base de la perfección contractual (art. 1262 CC, 54 CCom[43]);

b. Igualmente no puede, en sentido estricto, hablarse de libertad de cada parte para desistir del contrato ni para modificar (novación) los términos de la contratación así efectuada. Como tampoco, con carácter general, para elegir a la contraparte u optar el contratante entre cumplir o asumir las consecuencias convencionales o legales de no hacerlo (ejecución forzosa "in natura" o por equivalencia, pago de cláusulas penales en su caso, etc.);

c. No pueden distinguirse, como en la relación jurídica obligacional, los conceptos de acreedor y de deudor; cobra un nuevo sentido la distinción entre la perfección y la ejecución contractual[44] y la delimitación del momento

---

43 El art.1262 CC redactado por el número uno de la disposición adicional cuarta de la Ley 34/2002, 11 julio, de servicios de la sociedad de la información y de comercio electrónico dispone que

«El consentimiento se manifiesta por el concurso de la oferta y de la aceptación sobre la cosa y la causa que han de constituir el contrato.

Hallándose en lugares distintos el que hizo la oferta y el que la aceptó, hay consentimiento desde que el oferente conoce la aceptación o desde que, habiéndosela remitido el aceptante, no pueda ignorarla sin faltar a la buena fe. El contrato, en tal caso, se presume celebrado en el lugar en que se hizo la oferta.

En los contratos celebrados mediante dispositivos automáticos hay consentimiento desde que se manifiesta la aceptación».

El núm. dos, por su parte, modifica el art. 54 CCom, que queda redactado como sigue:

«Hallándose en lugares distintos el que hizo la oferta y el que la aceptó, hay consentimiento desde que el oferente conoce la aceptación o desde que, habiéndosela remitido el aceptante, no pueda ignorarla sin faltar a la buena fe. El contrato, en tal caso, se presume celebrado en el lugar en que se hizo la oferta.

En los contratos celebrados mediante dispositivos automáticos hay consentimiento desde que se manifiesta la aceptación.»

44 Realmente el momento-clave en un contrato inteligente es el de la ejecución, pues ejecutándose los términos del contrato cuando nace a la vida jurídica

en que debe exigirse el cumplimiento de los deberes de información (y otros) esenciales, sobre todo en el ámbito de la contratación con consumidores. La asimilación del funcionamiento de un "SLC" al de un contrato de adhesión, en el que un predisponente pre-define los términos contractuales y la otra parte se adhiere y acepta con su firma o se abstiene de contratar, resulta a nuestro entender, demasiado forzada;

d. Decae la distinción clásica entre el débito ("*debitum*", "*schuld*") y la responsabilidad ("*obligatio*", "*haftung*") y el principio mismo de responsabilidad patrimonial universal del art. 1911 CC, según la cual responderá el deudor del cumplimiento de sus obligaciones con todos sus bienes, presentes y futuros: sencillamente porque el algoritmo (según la premisa de que la tecnología no yerra) hará que la transacción indefectiblemente se ejecute verificadas las condiciones para ello, no dejando margen a cumplimientos defectuosos o incumplimientos frente a los cuales articular remedios jurídicos "ex post";

e. Al ser esencialmente inmodificable o inmutable el "SC", decae la misma razón de ser de las categorías de ineficacia contractual, fundamentadas, como es sabido, en la concurrencia de vicios en la formación o declaración del consentimiento, falta de capacidad, de los intervinientes ausencia, indeterminación o imposibilidad de determinación del objeto o ilicitud del mismo, o defecto en la causa, o falta de forma esencial (nulidad o anulabilidad); o en o en circunstancias sobrevenidas (rescisión), o en incumplimientos que permiten el ejercicio de la acción resolutoria de los contratos sinalagmáticos o bilaterales, nada de lo cual sería trasladable a la categoría que tratamos;

(digital)

f. Sólo, como veremos, en el caso de los SLC, el "contrato marco" celebrado "off-chain", el que contiene las condiciones que se trasladarán posteriormente a código, podrá ser interpretado, en caso de duda, y resuelta cualquier controversia sobre el mismo por los tribunales de justicia o, más frecuentemente, conforme a los remedios que las partes hayan previsto en cláusulas de previsión de remedios. Pero será tal contrato-base, regido por las reglas generales, el que sea objeto de tal labor hermenéutica y, en su caso, de impugnación concurriendo causa de nulidad, anulabilidad, resolución, rescisión, u otra de ineficacia, corrigiendo en su caso "off-chain", fuera de la plataforma y sus bloques codificados, los efectos no pretendidos e incluso los daños y perjuicios causados a través de los oportunos remedios extrajudiciales o judiciales, autocompositivos o heterocompositivos, para lo que el conocimiento y la prudencia jurídica siguen siendo imprescindibles tratándose de transacciones con eficacia jurídica.

La seguridad jurídica adquiere en este escenario un nuevo significado: los partidarios de incentivar esta tecnología afirman que las transacciones a través de sistemas descentralizados de ejecución se fundamentan en una nueva dimensión de la confianza que precisa la realización de transacciones para la satisfacción de intereses, confianza o "*fides*" que ya no es personal, sino que encuentra su causa en la fuerza de un algoritmo que matemáticamente -se afirma- no puede defraudarla (como sucede entre humanos).

Blockchain es ·un registro autorizado en el que todos confían dentro de la red, sin la existencia de una autoridad central. Todos los nodos de la red pueden llegar al mismo consenso al compartir información y armar un libro compartido, global y público en el que todos confíen. En pocas palabras, la confianza se comparte y se basa en los siguientes procesos, como describe Merchán:

a) La verificación de cada transacción, contra ciertos criterios cuando es recibida por cada nodo y antes de que se propague a los demás nodos de la red.

b) La validación de transacciones en nuevos bloques, a través de la minería de datos.

c) La validación de los bloques recién generados por todos los nodos.

d) La adición de los nuevos bloques generados a la cadena con el mayor esfuerzo computacional posible"[45].

Es ésta la clave de bóveda de un sistema de ejecución negocial que presenta numerosas oportunidades y ventajas pero que, a la vez, plantea algunas cuestiones de importancia en el ámbito jurídico[46].

2.2. El debate acerca de la naturaleza contractual de los "smart contracts" y "smart legal contracts"

Aquellos autores que niegan que el "smart contract" sea en sentido estricto un contrato, lo consideran como un código informático apto para contener aquellos datos que permitirían, de verificarse ciertos condicionamientos fácticos, ejecutar ciertas prestaciones o desencadenar las consecuencias previstas "ex

---

45 MERCHÁN MURILLO, A. "Identidad digital Blockchain e Inteligencia Artificial: aspectos jurídicos de presente y futuro a debate", *Ius et Scientia*, Vol. 7, Nº 1, 2021, pp. 183 a 203. http://doi.org/10.12795/IESTSCIENTIA.2021.i01.12

46 MADRID PARRA ofrece una aproximación crítica analizando cuestiones jurídicas que suponen un reto a la hora de implementar programas informáticos cumpliendo con los requisitos legales establecidos por el derecho de los contratos. MADRID PARRA, A. "Smart Contracts-Fintech: Reflexiones para el debate jurídico". R*evista Aranzadi de Derecho y nuevas tecnologías*, Nº. 52, 2020

ante" en un acuerdo-marco (este sí de naturaleza contractual). No se trata, como se ha dicho, de un acuerdo entre partes cuyo cumplimiento resulte legalmente exigible, en la medida en que las prestaciones que constituyen su objeto se autoejecutan de forma descentralizada y sin intervención judicial, notarial o legal alguna.

Al no utilizar propiamente Inteligencia Artificial, el "smart contract" no actúa de forma autónoma como lo haría un robot, sino que presenta cierto "componente de adaptación al entorno", en la medida en que el sistema verifica y comprueba hechos y datos externos que influyen en la ejecución, por lo que *contrato* y *código,* unidos por un vínculo dependencia mutua, pueden convivir en una relación de subordinación de éste a aquél (Argelich). La finalidad que esté llamada a cumplir el contrato puede alcanzarse a través de la forma tradicional (verbal o escrita y ésta pública o privada) o codificando la información en un registro descentralizado a través de tal tecnología de ejecución automática de las prestaciones convenidas si se verifican los parámetros preestablecidos, técnicos y jurídicos (es decir, si es ésta la voluntad –que en cualquier caso debe serlo informada y libre- de los intervinientes).

Para esta autora, "el código informático autoejecuta las prestaciones de un contrato, ergo la programación es instrumental al contrato y no al revés, buena prueba de ello es la configuración de la self-help frente al incumplimiento". Argelich ha estudiado el concepto y los efectos de los contratos inteligentes y considera que los "smart contracts" "*sustituyen el tradicional clausulado del contrato por un código informático de tipo condicional, o de lógica booleana. Este código debe tener una estructura "if/then/else": si se cumple una premisa o supuesto de hecho "if", se automatiza la consecuencia jurídica, generalmente la ejecución de la prestación "then"; si no se cumple, se ejecuta una acción prevista como "else", a la que puede denominarse "remedio". De esta manera, y partiendo del concepto adaptado a la realidad contractual actual, podemos definir el "smart contract" como el código informático que contiene el conjunto de pactos o cláusulas contractuales, programado mediante un módulo que está formado por un código virtual (...) y que, una vez incorporado a la tecnología blockchain o cadena de bloques, forma una unidad autónoma que procesa la información, es decir, que autoejecuta las prestaciones del contrato*"[47].

Por mi parte entiendo que los denominados "contratos inteligentes" son, en su mayor parte, negocios jurídicos contractuales en un sentido funcional, en cuanto permiten realizar la función de intercambio de bienes y servicios, pero cuyas singularidades escapan a algunos principios esenciales en la contratación, como la modificabilidad de lo acordado por nuevo acuerdo entre las partes, con el alcance y extensión que éstas quieran darle. A pesar de ello, los efectos que generan este tipo de transacciones exigen arbitrar soluciones o remedios, que serán más frecuentemente preventivos[48] e incluso repensar las categorías existentes para

---

[47] ARGELICH COMELLES, C. "Smart contracts o Code is Law: soluciones legales para la robotización contractual", *INDRET*, 2, 2000. https://indret.com/wp-content/uploads/2020/04/04-Argelich-numerat.pdf

[48] Coincidimos plenamente con esta autora cuando afirma que el Derecho no puede ser ajeno a las transacciones comerciales, con independencia del instrumento utilizado, porque eso, en palabras de la autora, "llevaría a una desregulación que no se debe potenciar sino aislar. En última instancia, respecto de los contratos sin acuerdo previo con consumidores, provocaría un efecto parecido al del "*shadow banking*", es decir, una actividad de financiación al margen del crédito bancario tradicional, operada por instituciones financieras no bancarias que no se encuentran sometidas a un ente regulador". Entiende que "tener que reinterpretar la teoría general del contrato, los remedios del consumidor y la protección de datos, como los principales elementos que necesitan una revisión en sede de "smart contracts", no le niega su naturaleza contractual", la cual ·se afirma desde una interpretación finalista: nace el contrato por el acuerdo de las partes y les vincula desde su perfección, con independencia del medio utilizado para formalizarlo y ejecutarlo. Negar dicha naturaleza por razón del instrumento es interpretarla de manera superficial y sin atender a su trascendencia material, esto es, servir de instrumento para el intercambio de bienes y servicios; es como negar la existencia de un bosque por atender solamente a las copas de los árboles, este

adaptarlas a los originales condicionamientos y efectos (jurídicos, además de económicos y tecnológicos) de esta nueva realidad[49].

El "smart contract" se dirige ciertamente a crear, transferir, modificar o extinguir derechos de naturaleza patrimonial. Ahora bien, el acuerdo de voluntades como concurrencia de la *oferta,* de una parte, y la *aceptación,* de otra, adopta en estos casos una modalidad muy singular que va más allá de "lo digital" como soporte o medio (como cuando hablamos de comercio online, por ejemplo). Se trata de la activación algorítmica de bloques en una red descentralizada que contiene información (datos) cifrados, es decir, encriptados, en un lenguaje de programación al que es ajeno el contratante lego en tecnología informática, y quizás también en Derecho. Debiéndose por ello adoptar cautelas en la prestación de un consentimiento que, tecnológico o no, siempre debe ser consciente (*ergo* formado e

---

caso la terminología, desoyendo su ecosistema, es decir, su función. Es, por tanto, que debería preguntarse a quienes le han negado y le siguen negando esta naturaleza qué otra podría tener, qué remedios frente al incumplimiento deberían arbitrarse, distintos de los existentes por no corresponderse con un contrato, y qué contratos se considerarían inteligentes o cuáles no. Por el momento, más allá de las críticas al término, ampliamente extendidas a pesar de su reduccionismo, no hemos encontrado ninguna respuesta a estos interrogantes".

49 WERBACH (2017, pp. 338-350), MCJOHN (2016, pp. 2-23), O'SHIELDS (2017, p. 178), entre otros. Es conocida la frase de este último, citado por ARGELICH, según la cual "*is robotic not smart*" y "*it is not legally enforceable*", entendiendo que, propiamente, contrato lo es el acuerdo-marco, puesto que las prestaciones se han pactado con anterioridad. SAVELYEV (2017, p. 14) alude a que el cumplimiento de las obligaciones no depende de la voluntad del deudor sino del código informático, por lo que no puede aplicarse el "*pacta sunt servanda*" (los contratos deben ser cumplidos –por las partes-) de manera absoluta (en cuanto nada pueden hacer las partes para cumplirlos o incumplirlos una vez insertas las condiciones en el bloque de la cadena), y además, no existe la responsabilidad (exigible) legalmente del deudor por el incumplimiento de su prestación.

informado) y libre, máxime si tenemos en cuenta el efecto de automaticidad en la ejecución e irreversibilidad de lo pactado y contenido en los bloques una vez verificados y validados por consenso colectivo de los nodos del sistema.

Parte de la doctrina que ha tratado la cuestión que nos ocupa entiende que puede manifestarse el consentimiento y la aceptación mediante escritura en lenguaje convencional o en lenguaje de programación (es decir, encriptado). Aún así, cuando se trata de transacciones en la blockchain propiamente no existen "partes" concretas e identificadas en el momento de contratar, pues el registro que es la cadena de bloques es público (o bien de acceso limitado o permisionado, en el sentido expuesto) en el sentido expuesto. Los intervinientes en estos supuestos contratos no pueden "ser compelidos" al cumplimiento de lo acordado (de modo que si no se cumple voluntariamente se recurre a la ejecución forzosa, *in natura* o por equivalencia), pues la ejecución de los términos y condiciones transaccionales tiene lugar de forma automática ("*then*" o consecuencias) una vez verificadas las condiciones previstas en el acuerdo marco inicial.

Lo cual nos lleva a pensar en una categoría singular de transacciones negociales que, si bien está orientada a los mismos fines que los contratos (satisfacción de necesidades e intereses como comprar, vender, arrendar criptoactivos o activos reales; registrar fincas sin intervención humana; digitalizar protocolos familiares cuyo *enforcement* estaría asegurado tecnológicamente; gestionar el pago de derechos hereditarios, legados, derechos de propiedad intelectual, etc...) mediante el uso de criptomonedas a la que se asocian efectos vinculantes, comparte algunos rasgos de aquéllos pero se rige por principios y reglas de un ecosistema tecnológico dotado de una lógica propia.

Entre los que consideran que el "smart contract" es un negocio contractual, se entiende que "el código informático autoejecuta las prestaciones de un contrato, ergo la programación es instrumental al contrato y no al revés, buena prueba de ello es la configuración de la self-help frente al incumplimiento" (Argelich). Coincidimos con la autora cuando afirma que el Derecho no puede ser ajeno a las transacciones comerciales con independencia del instrumento utilizado, porque eso llevaría a una desregulación que no se debe potenciar; "tener que reinterpretar la teoría general del contrato, los remedios del consumidor y la protección de datos, como los principales elementos que necesitan una revisión en sede de smartcontracts, no le niega su naturaleza contractual"[50].

La perfección del contrato[51] se produce "en el momento en el que las partes expresan su consentimiento en el "*front-end*", o la parte visible para el usuario de la plataforma de que se trate, para que el "*back-end*" procese el consentimiento y el resto de datos proporcionados para iniciar la ejecución de la transacción. El consentimiento puede expresarse oralmente, por escrito, o por medios informáticos, como la firma digital[52] y los acuerdos "*clickwrap*" y "*browsewrap*", destinados principalmente a que los consumidores tengan noticia de los términos del contrato, y cuya validez se supedita a su obtención documental antes de su celebración".

---

50 En este sentido, entiende que "nace el contrato por el acuerdo de las partes y les vincula desde su perfección, con independencia del medio utilizado para formalizarlo y ejecutarlo. Negar dicha naturaleza por razón del instrumento es interpretarla de manera superficial y sin atender a su trascendencia material, esto es, servir de instrumento para el intercambio de bienes y servicios. ARGELICH COMELLES, C. "Smart contracts o Code is Law: soluciones legales para la robotización contractual", *InDret Revista para el Análisis del Derecho,* nº 2, 2020, pp. 1-41.

51 TUR (2018), ob. cit., pp. 74- 75, citado por ARGELICH COMELLES C., *ob. cit,* p. 49.

52 CHENG (2018), pp. 1046-1051, citado por ARGELICH COMELLES, C., *ob. cit,* p. 50.

No existiendo unanimidad acerca de si los "smart contracts" configuran una nueva categoría jurídica, son dos las posturas doctrinales: una primera, minoritaria, considera que este tipo de transacciones digitales constituyen una herramienta informática destinada a la ejecución de lo acordado en un acuerdo negocial (este sí de naturaleza contractual si cumple las condiciones previstas en el ordenamiento jurídico de referencia). Según la que es hoy posición mayoritaria, este tipo de transacciones operadas tecnológicamente constituyen, por el contrario, una verdadera "*modalidad contractual: un medio de formalizar y ejecutar el contrato sobre la base de una tecnología avanzada*" (así, entre otros, Argelich). Dentro de esta línea, se considera al contrato inteligente como una modalidad contractual al amparo de los principios de autonomía de la voluntad (art. 1255 CC) y libertad de forma (art. 1278 CC) que inspiran nuestro ordenamiento jurídico. Se trata de acuerdos de voluntad autoejecutables, con la particularidad[53], de que la emisión de la oferta, su recepción, la aceptación y su comunicación se realizan por medios electrónicos (igual que otros contratos electrónicos[54]) si bien de forma descentralizada[55].

---

53 MADRID PARRA, A. "Smart Contracts-Fintech: Reflexiones para el debate jurídico", *Revista Aranzadi de Derecho y Nuevas Tecnologías*, núm. 52, Aranzadi, 2022.

54 Según el Apartado H) del Anexo de Definiciones de la LSSI, un contrato electrónico es *"todo contrato en el que la oferta y la aceptación se transmiten por medio de equipos electrónicos de tratamiento y almacenamiento de datos, conectados a una red de telecomunicaciones"*.

55 Como expone HERNÁNDEZ MARTÍNEZ, A. "Aplicación del 'Smart Contract' a la transferencia de derechos federativos de jugadores de fútbol". *Revista Aranzadi de Derecho de Deporte y Entretenimiento*, núm. 66, Digital, *Aranzadi*, BIB 2020, 8052, 2020.

2.3. La función del jurista resulta imprescindible: sean lo que sean, desencadenan efectos jurídicos (y muy rotundos)

En cualquier caso, las transacciones blockchain son algo más que contratos digitales desde un punto de vista instrumental. ¿Quiere ello decir que puede el jurista apartarse de este tipo de transacciones descentralizadas regidas por algoritmos matemáticos, cuya terminología y operativa le es extraña y, por su carácter técnico, de acceso complejo?

En ningún modo: al contrario. El operador jurídico de la era digital debe implicarse en esta nueva tipología de transacciones dotadas que no son futuro sino actualidad en rápida expansión en ámbitos como los servicios financieros, los seguros privados[56], la protección de los derechos de propiedad intelectual[57], los productos hipotecarios, la gestión de datos de pacientes en el marco de la prestación de servicios de telemedicina, las aplicaciones del Internet de las Cosas ("IoT") e, incluso, el Derecho de Familia y Sucesorio (v.gr, digitalización de las clausulas de protocolos familiares o disposiciones testamentarias)[58].

Más allá de la negociación inicial de los términos básicos de la transacción, el efecto vinculante y la consiguiente ejecución de las prestaciones convenidas son automáticas e inmodificables y no rige el "pacta sunt servanda": principio fundado en la necesidad de garantizar la confianza en el tráfico y según el

---

56 https://www.axa.com/en/magazine/axa-goes-blockchain-with-fizzy. De forma muy gráfica e ilustrativa en el mercado de seguros el video: *https://www.youtube.com/watch?v=xJZulZ -CMI&t=21s*

57 Vid. PLAZA PENADES, J. "La adquisición de derechos sobre obras de arte en NFT (non fungible token)", *Revista Aranzadi de Derecho y Nuevas Tecnologías,* Nº. 60, 2022.

58 SIRUS MASHOUF MOHSENIN. "Blockchain: contratación y jurisdicción: Hacia una nueva concepción de la Justicia", *Revista Aranzadi de Derecho y Nuevas Tecnologías,* Nº 60, 2022.

cual los contratos deben ser cumplidos por quienes los suscriben (las partes) y sus herederos, debiéndose en otro caso éstas atenerse a las consecuencias previstas en cada ordenamiento. Y es que no hay posibilidad de incumplir[59], ni aún de modificar sus términos o clausulado sobrevenidas circunstancias esenciales que no pudieron preverse al contratar y que hacen para una de las partes excesivamente gravoso el cumplimiento en sus propios términos (v.gr en contratos de tracto sucesivo, como los de obra o construcción)[60].

Salvo que se haga referencia en los "SLC" al contrato-marco que contiene la reglamentación que, en su caso, se trasladará a lenguaje codificado, es dudoso que el que se denomina "contrato inteligente" sea en realidad contrato, sino ejecución descentralizada de un negocio jurídico, acaso contractual o codificación de un acuerdo celebrado "off-chain" que lleva implícita la renuncia a la oposición de la "*exceptio non adimpleti contractus*", pues siendo la ejecución automática, cumplir o no hacerlo escapa de la voluntad humana. De esta forma de operar deben estar debidamente informadas las partes que intervienen en la transacción blockchain: en su caso, el consumidor tratándose de contratación por adhesión.

Tampoco serían aplicables como consecuencia de la ejecución automática, los remedios legales resolutorios (resolución implícita ex 1124 CC en los contratos bilaterales o sinalagmáticos), el recurso a la ejecución forzosa y a la indemnización de

---

59 Al menos por voluntad dolosa o culpable del deudor, sí quizás, de forma remota, por razones objetivas, como un posible fallo técnico que pudiera encuadrarse en el caso fortuito o incluso en la fuerza mayor.

60 Cláusula "*rebus sic stantibus*", teoría de la "*excessiva onerosità*" (art. 1467 CC italiano de 1942 incorporada en el 6.2 Principios UNIDROIT), teoría de la "*imprévision*" del Code francés y teoría de la base del negocio del § 14 BGB alemán, que dan lugar a la renegociación de los términos del contrato y, sólo como "ultima ratio", a la resolución contractual.

los daños y perjuicios ex art. 1101 CC, pues no cabe hablar de incumplimiento ni del elemento subjetivo de la culpa o falta de diligencia de las partes (art. 1104 CC).

Cualquier elemento subjetivo del contrato que pretenda articularse en blockchain, como el dolo, la buena o la mala fe, la conducta diligente o no culposa del deudor, etc. queda, por su propia naturaleza excluido, en cuanto carente de relevancia en un ecosistema regido por la lógica utilitarista, regida por criterios de eficiencia, no de justicia. Como en la máquina expendedora del ejemplo de Szabo, sólo son relevantes como elementos del contrato la identificación de la cosa y del precio y la ejecución de las prestaciones. Al consumidor le importa que "funcione" (es decir, que ejecute correctamente) la máquina: si no selecciona bien mi bebida, se han incumplido mis expectativas y frustrado el fin pretendido del negocio así realizado. Mi confianza en que se proveerá de café viene dada no por la reputación del vendedor (o elemento similar), sino por la que deposito en la tecnología, en la máquina misma, en un sistema tecnológico que automáticamente y merced a la fuerza del logaritmo, ejecutará la transacción deseada tan pronto como yo realice lo que por mi parte me incumbe de acuerdo con los parámetros y pautas y en las condiciones, más o menos complejas o detalladas ("if") que hayan sido pre-programadas.

Como hemos visto, en un "smart contract", activada por un agente la "voluntad" de satisfacer un interés a través de una transacción o acuerdo[61], se desencadenan de forma automática los denominados "bloques" o cadenas de transacciones que verifican, a través de algoritmos, el cumplimiento de las con-

61 El término "transacción" no equivale tampoco al contrato de este nombre (transacción o compromiso), sino, de una forma más amplia, a cualquier operación activada en la plataforma desencadenante de efectos automáticos y vinculantes.

diciones previstas "ex ante" en el "acuerdo marco de contratación" (éste sí, regido por las reglas generales).

De esta forma, verificada la concurrencia del presupuesto o condición –en sentido impropio- ("*if-*"), se ejecutan de forma automática las prestaciones convenidas (*"then"*), deviniendo imposible la comprobación de los "términos contractuales" contenidos en cada uno de los bloques, que se encuentran cifrados y encriptados en lenguaje de programación (no fácilmente accesibles al lego) y para cuya ejecución no hay intermediarios, pues lo son de forma descentralizada y, por ello _se dice-, de manera más confiable y segura[62]. En el caso de que no tenga lugar, se desencadena una acción que actuaría jurídicamente a modo de remedio o consecuencia y a que se denomina "*else*" (código *"if/then"-"if/else"*).

3. OPERATIVA FUNCIONAL, PRINCIPIOS Y PLATAFORMAS DLT

En realidad, blockchain constituye un registro público, al que tiene acceso cualquiera que conozca el lenguaje de programación a un nivel básico. Tal registro contiene cronológicamente registradas y encriptadas todas las transacciones realizadas con *tokens*[63].

---

62 Lo que, ante todo define la autonomía de la contratación, culminados estos pasos, es el "*pacta sunt servanda*": lo pactado obliga no tanto porque ha sido querido por las partes, o no solo por ello, sino porque constituye un signo en el cual otros han podido fundamentar sus expectativas y, sobre ellas, sus actos: la seguridad del tráfico jurídico exige no defraudar la confianza suscitada, no defraudar las expectativas que la otra parte ha podido crear razonablemente con su conducta. Si se incumple, actúan los mecanismos previstos que, en última instancia, apelan al cumplimiento forzoso.

63 Se llama 'token' (en inglés ficha) a una unidad de valor basada en criptografía y emitida por una entidad privada en una 'blockchain' como Bitcoin

3.1. Funcionamiento

Mediante algoritmos criptográficos, en el momento en que se genera un bloque nuevo, éste se une al último bloque de la cadena y se vincula de forma irreversible: de este modo, ningún agente puede alterar un "bloque" una vez ha sido añadido. El bloque inicial se denomina "bloque-génesis" y es el que da origen a cualquier nuevo *block* asociado a un *token*. Se dice que "*el blockchain para cada token es único*", de modo que cada vez que se producen transacciones, se añaden como último bloque de la cadena.

La denominada "cadena de bloques" es, de este modo, un registro público digital de las transacciones efectuadas en orden cronológico, que se comparte entre todos los usuarios del ecosistema y se utiliza para verificar la seguridad en las mismas[64] evitándose costes innecesarios, lo que convierte el sistema en altamente eficiente, por un lado, y seguro y transparente, por otro.

---

o Ethereum. Los 'tokens' no solo son criptomonedas sino que pueden tener muchos más usos. Dentro de una red privada, un 'token' puede servir para otorgar un derecho, para pagar por un trabajo o por ceder unos datos, como incentivo, como puerta de entrada a unos servicios extra o a una mejor experiencia de usuario…. Así define los tokens MOUGAYAR, autor del trabajo 'The business blockchain': los 'tokens' admiten varias capas de valor en su interior, por lo que es quien los diseña el que decide qué tiene dentro un 'token' concreto".
Vid. "Dos videos y un podcast sobre blockchains, tokens y descentralización", disponible en:https://www.wmougayar.com/blog/2018/05/26/two-videos-and-a-podcast-on-blockchains-tokens-and-decentralization

64 Desde el punto de vista práctico, es interesante el trabajo de MORELL RAMOS, J., "Cómo crear un smart contract mediante términos y condiciones", *Términos y condiciones: Derecho tecnológico y Legaltech*, 21 de septiembre de 2016. https://terminosycondiciones.es/2016/09/21/como-crear-smart-contract-mediante-terminos-condiciones/

Utilizar la tecnología blockchain requiere que, junto con la información a registrar y la definición de las reglas, términos y condiciones, en su caso, del "acuerdo marco", se introduzca en el sistema un valor "monetario" representado por una cantidad de criptomoneda (v.gr. Bitcoin, Ethereum, Tether, BNB, USD Coin, XRP, Sandbox...)[65]. En el SLC las partes acuerdan los términos del contrato siguiendo un esquema tradicional o clásico en el que hay que pactar una serie de cláusulas o estipulaciones. Definidas éstas se "traducen" a lenguaje de programación[66], consistente en un código con ciertas fórmulas y funciones algorítmicas.

3.2. Principios

Los principios de blockchain se basan en los siguientes criterios o parámetros expuestos por TAPSCOTT: integridad en red, poder distribuido, valor como incentivo, seguridad[67], privacidad[68], derechos preservados e inclusión[69].

---

65 La Web Coinmarketcap https://coinmarketcap.com/es/ contiene las principales cien criptomonedas por capitalización en el mercado en tiempo real: su precio, volumen, activos en circulación, etc.

66 Hay en Internet numerosas webs que permiten al lego tecnológico adentrarse en el lenguaje de la programación de los contratos inteligentes: entre ellas, *Solidity.readthedocs.io* (lenguaje de programación de los smart contracts); *A 101 Noob Intro* (tutorial sobre la programación en Ethereum) o *Ethereum Stack Exchange (preguntas y respuestas).*

67 TAPSCOTT, 2016, 133-166. TAPSCOTT. D. "Blockchain Revolution" Portfolio Penguin Random House LLC, Nueva York, traducción Juan Manuel Salmerón, Deusto, 2017, pp. 135 a 163.

68 CHATZOPOULOS, 2018, pp. 442-450.

69 Esta tecnología se basa en una red "P2P" en la que los nodos cumplen distintas funciones según se trate de "nodos mineros", "nodos simples" o "nodos maestros", lo que permite articular un registro distribuido que los hace menos vulnerables a ataques informáticos, por existir otros nodos que suplirían su actividad.

A. INTEGRIDAD. La confianza es intrínseca. La integridad no depende de cada parte sino que se halla distribuida en todas y cada una de las etapas del proceso y la información siempre es cifrada. Según Tappscot, "el valor de la integridad está codificado en derechos de decisión, estructuras de incentivos y operaciones de tal manera que comportarse sin integridad o es imposible, o cuesta mucho más tiempo, dinero, energía y reputación". Es decir, no interesa no hacerlo.

B. PODER DISTRIBUIDO. Frente a soluciones como el recurso a terceros autorizantes de transacciones monetarias (como compañías de tarjetas de crédito, agencias de giros postales, o plataformas de pago online como PayPal), blockchain activa un "mecanismo de consenso" conforme al cual la red registra la primera transacción en que se gasta una unidad monetaria concreta y rechaza las subsiguientes, impidiendo el "double spend problem". Los participantes operativos o "mineros" reúnen transacciones recientes, las registran en forma de bloque de datos y repiten el proceso cada diez minutos, de modo que todos los bloques deben referirse al anterior para ser válidos. Para lograr tal consenso, se utiliza el mecanismo llamado prueba de trabajo creando un "acertijo" muy difícil de resolver pero, a la vez, muy fácil de verificar, pues todos pueden comprobar la solución rápidamente.

C. PODER DISTRIBUIDO. El sistema distribuye poder por una red de iguales sin que haya ningún punto centralizado de control: los costes de controlar Bitcoin superarían los beneficios: la blockchain, residiendo en todas partes, no necesita tanto de los intermediarios. Todas las transacciones se difunden por la red para su validación y verificación. Actuando en interés propio, se sirve a la red de iguales: el sistema hace coincidir los incentivos de todos los participantes.

D. SEGURIDAD. Las medidas de seguridad garantizan no sólo la confidencialidad sino también la autenticidad de todas las actividades y la imposibilidad de que nos sean denegadas: "la moneda digital no se almacena en un archivo al uso, sino que la representan transacciones indicadas por un hash criptográfico. Los usuarios tienen las criptoclaves de su dinero y lo intercambian directamente entre sí". Bitcoin funciona de forma segura con el SHA-256:la cantidad de repeticiones de este cálculo matemático que se necesitan para encontrar la solución de un bloque, obligan al dispositivo informático a consumir una elevada cantidad de electricidad para resolver la prueba.

E. PRIVACIDAD. Es un derecho humano fundamental: "al eliminar -dice Tapscott- la necesidad de confiar en los otros, se elimina la de conocer su identidad para interactuar con ellos. Se entiende que es posible un modelo en que a la vez es posible tener privacidad, controlarla, y dar información. Las blockchain son públicas porque residen en la red y no en organismos centralizados que guarden registros y auditen las transacciones, a la vez que la identidad de los usuarios es anónima, pues tiene que triangularse mucha cantidad de datos para averiguar quien posee una clave pública concreta (vid Tapscott, ob. cit. p. 156).

F. DERECHOS PRESERVADOS E INCLUSION. Cada transacción es inmutable e irreversible, por lo que no puede negociarse con lo ajeno, Nadie puede apoderarse de una transacción o contrato, suspenderlo, ..aunque una agencia gubernamental, se dice, intentara censurar una comunicación o transacción, siempre habrá alguien que pueda, matemáticamente, decodificarla y registrarla en la blockchain, ejecutando un contrato inteligente. Por otro lado, se considera el potencial de inclusión de los sistemas descentralizados en países en vías de desarrollo (v.gr. registro de propiedades, servicios de micropagos,frenos a la corrupción, etc.)

3.3. La relación de la blockchain con el entorno físico real: los "oráculos"

La relación de la red de bloques con su entorno tiene lugar a través de lo que se denomina "oráculos" ("oracles"). Del latín "oraculum" y del griego "μαντειον", históricamente representaban las "respuestas" de las divinidades a las cuestiones que le eran planteadas.

En ecosistemas DLT, se trata de una especie de "observadores externos", parámetros objetivos del mundo "real" u "off-chain" encargados de acreditar y verificar el cumplimiento de las condiciones o términos introducidos en los clausulados como base de la ejecución de los "smart contracts".

Se trata de fuentes de información externa señaladas como indicadores o índices de carácter objetivo que acreditan el acaecimiento de determinados hechos (positivos o negativos) o la realización (u omisión) de ciertos actos: como, por ejemplo, la aprobación por parte de la entidad financiera del préstamo solicitado para la compraventa de un inmueble, la indicación de llegada a destino de la mercancía en el documento de trazabilidad, la superación de determinado umbral o nivel para la validación o cancelación de una transacción (como el índice de cotización de un activo), etc. Actúan, en definitiva, a modo de alertas que determinan que la contraprestación (jurídicamente cumplimiento o pago de la obligación) haya de ejecutarse.

Pueden ser personas, pero no necesariamente ni es en la práctica lo más frecuente: asi, una web que acredita el cumplimiento de ciertos parámetros, desde índices bursátiles hasta resultados de competiciones deportivas en contratos de apuestas, por ejemplo.

3.4. Algunas plataformas que operan en blockchain

Actualmente, las plataformas más conocidas que emplean tecnología blockchain son "*Blockchain*"[70] y "*Ethereum*"[71], la cual

---

70 https://www.blockchain.com

71 En lugar de operar con un "smart contract" predispuesto, se incorporan los datos a la plataforma en forma de *input*, que genera nuevas transacciones

posee un sistema especial de lenguaje de programación y codificación, llamado "*Solidity*", que permite realizar, de forma más o menos sencilla (para alguien cuando menos iniciado) la codificación de las estipulaciones contractuales.

Este código, que será contenido en un "bloque", se inserta dentro de la plataforma elegida a la espera de ser resuelto y validada la operación. Al concluir un proceso que dura unos pocos minutos, el nuevo bloque quedará enlazado al anterior y tendrá plena vigencia en la plataforma o cadena de bloques siéndole asignado un código de identificación único e inmutable. Desde este momento, el "smart contract" se ejecutará de manera según los términos y condiciones que se hayan programado de antemano[72].

---

u *outputs.* Por tanto, a este "smart contract" lo podemos calificar de "personalizado", por su configuración mediante Ethereum, en contraposición a la adhesión contractual que posibilita blockchain. Ethereum, sin embargo, tiene un coste económico: los usuarios deben pagar unas "fees" o tasas en ethers por cada operación que activan, lo que permite evitar actuaciones maliciosas y sostener el coste de mantenimiento de la plataforma (*gas)*, que es el de la computación sobre esta plataforma y que se determina por los mineros conforme a las reglas del libre mercado, pudiendo delimitar quien ejecuta una transacción la cantidad máxima de gas que está dispuesto a gastar. Como explica ARGELICH, "este coste está desincentivando su extensión, a diferencia de la expansión que está experimentando Blockchain, así como por la inversión que las partes necesitan realizar para la adquisición de equipos informáticos y la formación para operar en la plataforma Ethereum Ethereum, sin embargo, tiene un coste económico: los usuarios deben pagar unas fees o tasas en Ethers por cada operación que activan. Ello permite evitar actuaciones maliciosas y sostener el coste de mantenimiento de la plataforma, denominado "gas". Por el contrario, la plataforma Blockchain permite la obtención de criptomonedas, convertibles a saldo canjeable en PayPal, por la fidelización de nuevos usuarios y contactos de usuarios ya registrados; no obstante, el coste material de la gratuidad es la cesión de datos de carácter personal. *Vid.* https://www.ethereum.org/

72 El sistema es eficiente, por cuanto elimina los costes de transacción inherentes a la intervención de personas, documentación, etc., y en cuanto, de forma

De este modo funcionan (expuesto de forma básica) los contratos tecnológicos. Las transacciones blockchain operan como la condición o secuencia ("*if-then*") de un programa in-

---

inherente a su misma naturaleza, permite conjurar la posibilidad de que se produzca un incumplimiento contractual, pues la transacción se ejecutará sobre la base de los algoritmos incluidos en el código, conforme a los términos y condiciones previamente establecidas por las partes. No hay posibilidad, como en la contratación tradicional, de que el prestatario no devuelva la cantidad prestada, o devuelva una cantidad inferior, o distinta. Eliminados los riesgos de incumplimiento, se estimula la confianza en la contraparte (una contraparte a la que no se tiene por qué conocer de antemano, sólo saber que sus intereses se complementan y encajan con los propios uno necesita liquidez y otro que puede proporcionársela decide invertir obteniendo de esta actividad beneficio económico). El sistema así descrito estimula el crédito al incrementarse la confianza (*fiducia*) y reducirse los costes de transacción, decayendo la necesidad de recurrir a medios de refuerzo del crédito, como las garantías reales o personales que aseguren el cumplimiento en sus propios términos de las obligaciones. En la actualidad, se avanza hacia el establecimiento de sinergias cooperativas entre el mundo legal y el tecnológico, con participación de operadores jurídicos y programadores informáticos que actúan cada vez en relación más estrecha. Al no existir (al menos, *prima facie*) riesgo de incumplimiento contractual, se permite que partes que no se conocen ni van a conocerse al contratar puedan acceder a ello con la seguridad de que sus intereses (obtención de liquidez a corto por parte de un usuario y percepción de beneficios a medio o largo plazo el otro) se verán plenamente satisfechos: la satisfacción del interés es realmente lo que importa. Como afirma DE LARRECHEA, esto puede ser en especial relevante para las interacciones en masa, en que, por ejemplo, un usuario realiza una oferta a persona indeterminada para vender. Piénsese también en las ofertas de venta de bienes o activos a personas indeterminadas: bajo un esquema tradicional el oferente se asegura de conocer los riesgos asociados a contratar (verificación de identidad, evaluación de solvencia, análisis de endeudamiento, estudios de patrimonio), mientras que en un contrato inteligente la transacción se ejecuta verificado de forma descentralizada el cumplimiento de las condiciones y términos acordados y codificados. DE LARRAECHEA CARVAJAL, J. ORHANOVIC DE LA CRUZ, E. "Smart Contracts": Origen, Aplicación y Principales desafíos en el Derecho Contractual Chileno", *Actualidad Jurídica* n.° 42, Universidad del Desarrollo, Chile, 2020. *Vid.* https://derecho.udd.cl/actualidad-juridica/files/2021/01/AJ42-P107.pdf

formático, con la particularidad de que se interactúa con activos reales. En el mismo momento en el que se "activa" una "condición" que ha sido pre-programada (condición entendida en la acepción del lenguaje informático[73], no en sentido técnico-jurídico), el programa "inteligente" ejecuta al instante la correspondiente cláusula contractual, con indudable reducción de los costes de transacción y ciertas ventajas en el proceso de trazabilidad, dado su carácter automático.

Como se ha visto, Blockchain configura en realidad una especie de registro descentralizado[74] o distribuido[75], público (en el sentido expuesto de ser accesible por cualquiera), verificable, permanente e inmutable, que refleja todas las transacciones[76] que se han verificado a lo largo de su historia con los

---

73 *Vid.* https://docs.microsoft.com/es-es/dotnet/visual-basic/language-reference/statements/if-then-else-statement

74 El DOUE de 2 de junio publica el Reglamento (UE) 2022/858 del Parlamento Europeo y del Consejo, de 30 de mayo de 2022, sobre un régimen piloto de infraestructuras del mercado basadas en la tecnología de registro descentralizado y por el que se modifican los Reglamentos (UE) nº 600/2014 y (UE) nº 909/2014 y la Directiva 2014/65/UE. La tecnología de registro descentralizado (TRD) es una tecnología que permite el funcionamiento y el uso de registros descentralizados. Un registro descentralizado es un repositorio de información que lleva registros de operaciones y se comparte a través de un conjunto de nodos de red TRD y está sincronizado entre dichos nodos, utilizando un mecanismo de consenso.https://eur-lex.europa.eu/legal-content/ES/TXT/PDF/?uri=CELEX:32022R0858&from=ES

75 Sistema "distribuido", en el sentido de ser una red que conecta varias computadoras logrando el efecto de generar confianza a través de la evitación de fallos. Un sistema distribuido se define como una colección de computadores conectados por una red, y con el software distribuido adecuado para que el sistema sea visto por los usuarios como una única entidad capaz de proporcionar facilidades de computación.ANDREESSEN, M., "*Why bitcoin matters*", 21 junio 2014, disponible en https://a16z.com/2018/02/10/crypto-readings-resources/

76 "Transacción" en este sentido es la operación básica en una red *blockchain* mediante la cual una dirección de la red envía un mensaje a otra dirección de la red (Internet).

datos encriptados de cada una de ellas. Su contenido no puede desaparecer ni destruirse, tan solo actualizarse sobre la base del consenso de los participantes del sistema, eliminándose, (al menos así se afirma), el riesgo de manipulación que conlleva la dependencia de concretos proveedores de información centralizados y de intermediarios encargados de funciones de documentación, supervisión y control de capacidad, autenticidad y legalidad.

Como decíamos en un trabajo anterior[77], no sólo (o no tanto), por la forma (online, digital) de actuación del "*if-then*" sino por la garantía inherente al cumplimiento, esta tecnología supone un punto de inflexión en la ejecución de los contratos y otros negocios jurídicos[78] que está desarrollándose a un ritmo exponencial. Demanda, por ello, la atención del jurista, así como un trabajo sinérgico de cooperación interdisciplinar entre abogados y programadores para un desarrollo que atienda las necesidad de empresarios, particulares, consumidores y ciudadanos y satisfaga, al mismo tiempo criterios de eficiencia, justicia y seguridad jurídica.

4. TIPOLOGÍA

4.1. De redes blockchain: redes públicas y permisionadas

En las "*permissioned blockchain*" o redes permisionadas o semi-privadas, el acceso a la red y el consenso necesario se halla controlado por un grupo limitado de usuarios o "nodos de

---

77 LUQUIN BERGARECHE, R. "Acerca de la redefinición de la autonomía privada en la sociedad tecnológica", *Revista Boliviana de Derecho*, Nº. 26, 2018, pp. 260-293.

78 En las transacciones blockchain: el título "ejecutivo" ¿daría paso al título "autoejecutable"...?

confianza": se exigen ciertos requisitos para poder formar parte de la *blockchain* y sólo determinados usuarios[79] controlan la verificación y agregación de nuevos datos en la red.

La validación de las transacciones se controla por grupos preseleccionados de miembros:v.gr, entidades financieras que operan cada una un nodo, exigiéndose un número determinado de nodos para activarse válidamente una transacción. Las redes blockchain privadas limitan el acceso a los usuarios: los "nodos" se conocen entre sí, la posición de poder transaccional es simétrica, de igual a igual, hallándose controlada la cadena de bloques por una concreta entidad, lo cual posibilita la identificación de los usuarios que transmitan información a través de la cadena de bloques.

No es este el caso de las redes blockchain de carácter público, en las que los distintos participantes o nodos no se conocen entre sí: el acceso es libre y las transacciones son anónimas, con los riesgos que ello conlleva, no solo en lo que se refiere a la protección de la privacidad de los datos de carácter personal (aún hallándose encriptada la información contenida en los bloques) sino, con carácter general, como se verá, en lo que respecta a la posible comisión de actividades delictivas o ilegales.

4.2. De contratos inteligentes: "smart contracts" (SC) y "smart legal contracts" (SLC)

Desde el punto de vista jurídico es importante distinguir los "smart legal contract", que son aquellos en los que existe

---

[79] TUR FAÚNDEZ, C., *Smart contracts: análisis jurídico*, Editorial Reus, Madrid, 2018, p. 39, citado por FETSYAK, I. "Contratos inteligentes: análisis jurídico desde el marco legal español", *REDUR* 18, diciembre 2020, pp. 197-236. http://doi.org/10.18172/redur.4898.

un acuerdo previo "off-chain"[80] (al que hemos denominado "acuerdo o contrato legal-marco") y cuyo contenido se pacta o personaliza a través de plataformas como Ethereum, de los "smart contract" (sin más adjetivación), que no están personalizados, bastando con acceder a la plataforma *blockchain* para que verifique los requisitos de validez de la transacción pretendida y adherirse.

La ausencia de acuerdo previo hace que una parte (acreedor) predisponga el contenido contractual y el deudor se limite a solicitar la adhesión, comprobando la plataforma descentralizada los requisitos de validez y la identidad del deudor para activar el correspondiente código informático que origine un nuevo bloque que se incorpora a la cadena o red.

Son, sin embargo, los "smart legal contract" (SLC) son los que, por su naturaleza y efectos, presentan un componente jurídico más definido y una mayor funcionalidad práctica, que los asemeja a los negocios contractuales tradicionales. Existe en ellos un acuerdo previo "off-chain" (al que denominamos "acuerdo o contrato-marco") cuyo contenido se negocia y pacta introduciéndolo en plataformas como Ethereum. Se negocian de antemano los términos del acuerdo siguiendo un esquema tradicional o clásico en el que hay que acordar las cláusulas o estipulaciones, definidas las cuales deben posteriormente traducirse a lenguaje de programación o código, basado en fórmulas y funciones algorítmicas más o menos complejas[81].A di-

---

80 En estos casos, como dice Argelich, la tecnología blockchain se utiliza para garantizar la eficacia del pacto, donde se habrán previsto las prestaciones y la activación y desactivación del código informático.

81 Hay en la red numerosas web que permiten adentrarse en el lenguaje de la programación de los contratos inteligentes: entre ellas, *Solidity.readthedocs.io* (lenguaje de programación de los smart contracts); *A 101 Noob Intro* (tutorial sobre la programación en Ethereum); *Ethereum Stack Exchange* (preguntas y respuestas).

ferencia de éstos, los "smart contract" no están personalizados, de modo que basta con acceder a la plataforma "blockchain" para comprobar los requisitos de validez y adherirse.

Quienes consideran los "smart contracts" como un sub-género dentro de los contratos, asimilan en cierto modo su funcionamiento al de la contratación por adhesión: la ausencia de acuerdo previo en este tipo de transacciones hace que el acreedor predisponga el contenido contractual y el deudor se limite a solicitar la adhesión a las condiciones predispuestas, comprobando "blockchain" su identidad así como los requisitos de validez necesarios para activar el correspondiente código informático que origine un nuevo bloque incorporado a la cadena o red. Utilizar esta tecnología requiere de una criptomoneda como medio de pago: debe introducirse en el sistema una cantidad determinada junto con la información a registrar y la definición de las reglas, términos y condiciones de la transacción.

4.3. "Machine to Machine contracts" ("M2M")

Los denominados "Machine to Machine contracts" o "M2M"[82] representan la ejecución automática de un nuevo contrato derivado de la ejecución, también automática, de las cláusulas establecidas en un "smart contract" originario.

Doctrinalmente se considera que el "smart contract" primigenio es un precontrato[83], sometido a la condición de que el con-

---

82 WENDEHORST, C. "Robotics, Artificial Intelligence, and Machine to Machine (M2M). Contracts with a particular focus on consumer contract". European Parliament, Brussels, 21 de abril de 2016. https://www.europarl.europa.eu/cmsdata/101087/1Wendehorst.pdf

83 LEGERÉN (2018), *ob. cit,* pp. 216 y 222-224, entiende que se trata de un "precontrato imperfecto", porque "se dejan abiertos los términos del precontrato". Sobre el precontrato imperfecto, GONZÁLEZ (2013), pp. 822-823, citado por ARGELICH, *ob.cit.*, 2020.

trato definitivo cumpla determinadas exigencias, si bien el término esencial que es imprescindible en el precontrato no se adapta conceptualmente a la ejecución automática del "M2M contract", que depende de la producción de un evento externo[84].

Como afirma Argelich, este tipo de pactos son más funcionales o dinámicos que los contratos tradicionales, referidos por Szabo como "*inanimate paper-based ancestors*".

Aunque la plataforma blockchain no requiere de una IA para su correcto funcionamiento, es indudable su influencia en la construcción de este modelo caracterizado por la labor de cribado de los denominados "mineros" de bloques, la configuración de una la red de observadores y la integridad de la plataforma. Llegando la autora a concluir que, si bien el software no puede calificarse "per se" de contrato, "el término smart contract es suficientemente conciso para expresar lo que pretende: (…) se perfecciona por el consentimiento, y las partes quedan vinculadas por el conocimiento de su existencia[85]. Tur sostiene en el mismo sentido que la perfección negocial[86] se produce "en el momento en el que las partes expresan su consentimiento en el "*front-end*", o la parte visible para el usuario de la plataforma de que se trate, para que el "*back-end*" procese el consentimiento y el resto de datos proporcionados para iniciar la ejecución del *smart contract.* El consentimiento puede expresarse oralmente, por escrito, o por medios informáticos,

---

84 ARGELICH cita a PARRA (2015, pp. 1- 54) y SALVADOR (2009, pp. 1-60). ARGELICH COMELLES, C. "Smart contracts o Code is Law: soluciones legales para la robotización contractual, InDret, Revista para el análisis del Derecho, Nº 2, 2020 *InDret* 2, 2020.

85 ARGELICH COMELLES, C. "Smart contracts o Code is Law: soluciones legales para la robotización contractual", *InDret, Revista para el análisis del Derecho,* Nº 2, 2020.

86 TUR, 2018, ob. cit. pp. 74- 75, citado por ARGELICH COMELLES, C. *ob. cit, p. 49.*

como la firma digital[87]y los acuerdos "*clickwrap*" y "*browsewrap*", destinados principalmente a que los consumidores tengan la actual noticia de los términos del contrato, y cuya validez se supedita a su obtención documental antes de la celebración del contrato".

El "smart contract" y el "M2M contract" "se configuran como dos contratos autónomos, pero con relación de dependencia: no deja de ser una obligación principal y otra accesoria". Se perfecciona un "smart contract" como obligación principal y el código informático obtiene de ese consentimiento la base para la (posterior) perfección automática de un "M2M contract" accesorio. La finalidad del "smart contract" no es la conclusión del "M2M contract": "este último contrato podría existir o no, pero en ningún caso puede subsistir sin el "smart contract" originario que sirve de fundamento al consentimiento mediato, pues no puede extraerse un nuevo consentimiento de un código para el caso de desaparición de la base subjetiva u objetiva del contrato".

5. BLOCKCHAIN: FORTALEZAS Y OPORTUNIDADES

Es indudable el avance que representa esta tecnología en un contexto de incremento de las interacciones y transacciones digitales de carácter global.

A la mencionada reducción de costes de todo tipo (monetarios, temporales, de gestión y tramitación) se añade como ventaja la eliminación de intermediarios o verificadores. Piénsese en la variedad de agentes y documentos implicados en una operación "*prima facie*" sencilla como la compraventa de un inmueble, intervención de agentes inmobiliarios, instrucciones

---

87 CHENG, 2018, pp. 1046-1051, citado por ARGELICH COMELLES, C. *ob. cit, p. 50.*

notariales, documentación privada del contrato de compraventa –título- en sistemas de "título y modo", posterior "*traditio*" instrumental a través de la escritura pública notarial equivalente a la entrega o desplazamiento posesorio, inscripción del inmueble en el Registro de la Propiedad[88] –previa calificación del título por el registrador- para que se despliegue la eficacia registral de la LH, etc.).

A través de un "smart contract" esta operación de compraventa de un inmueble se simplifica notablemente: los fondos transferidos de conformidad con lo acordado para la operación quedarían en custodia en la misma plataforma blockchain hasta que se verifique por el mismo código la realización de la inscripción registral del inmueble a nombre del comprador.

6. BLOCKCHAIN: DEBILIDADES

Esta tecnología presenta, a la fecha, algunos factores condicionantes que actúan a modo de obstáculos, límites o barreras, entre las cuales pueden mencionarse las siguientes:

6.1. Barrera tecnológica de entrada

La información que se contiene en el "condicionado" "*if-then*" de un "s*mart contract*" se halla encriptada o cifrada: por ello, debe

---

88 BOLDÓ se plantea si «blockchain» podría sustituir a un registro convencional con efectos frente a terceros con contenido jurídico sustantivo y el papel de notarios y registradores en cuanto validadores de su contenido. La autora recoge las posturas favorables y contrarias a dicha implantación, así como la experiencia comparada al respecto, concluyendo que dicha tecnología no puede sustituir la función de calificación jurídica ni prescindir de las garantías que constituyen los sistemas de seguridad jurídica preventiva destinados a proteger las transacciones y los derechos de terceros. BOLDÓ RODA, C. *Revista Aranzadi de Derecho y Nuevas Tecnologías*, Nº. 53, 2020.

contarse con ciertos conocimientos técnicos de programación informática para realizar unas operaciones de codificación no siempre al alcance de todo operador jurídico o económico.

6.2. Errores en la encriptación o programación

Resulta improbable, pero es posible que los programadores, personas físicas que manejan programas informáticos, puedan incurrir en fallos, dolosa o imprudentemente, o cometer errores en la función de codificación que lleven a plantear dudas interpretativas o lagunas o insuficiencias en la plasmación del clausulado negocial o contractual de un SC o SLC. La colaboración sinérgica entre abogados y operadores juridicos y técnicos resulta a nuestro entender imprescindible.

Debería, además, contemplarse, y regularse en una futura legislación "ad hoc", la posibilidad de derivar responsabilidad civil por los daños y perjuicios causados por una programación inadecuada de un contrato "inteligente" concurriendo determinadas circunstancias. En contratos "B2B" de tracto sucesivo, como, por ejemplo, un contrato de suministro, el retraso incide materialmente en la ejecución del contrato. Para este supuesto, especialmente en el tráfico mercantil internacional, entiende la doctrina que debería permitirse "off line" una desvinculación negocial que a priori no contempla un sistema de ejecución automática descentralizada.

6.3. Eliminación del factor humano y de la subjetividad.

Si bien no totalmente, blockchain pretende otorgar al algoritmo lo que sustrae a una racionalidad humana esencialmente imperfecta. Ello incide en el concepto mismo de consentimiento negocial y en la invocación de posibles vicios en su formación, basados en elementos subjetivos (error, dolo, intimidación...), a lo que haremos referencia posteriormente.

6.4. Hackeos y actividades ilegales.

Al ejecutarse automáticamente este tipo de transacciones, si se hackea o piratea el sistema, también se ejecutarían automáticamente, y en principio con efectos de irreversibilidad, las prestaciones previstas en la secuencia "*if-then*", por lo que habrá que prever formas de detectar comportamientos ilegales e incluso delictivos a fin de activar los correspondientes remedios.

El reciente Informe "*Crime and NFTs: Chainalysis Detects Significant Wash Trading and Some NFT Money Laundering In this Emerging Asset Class*" (2022)[89], elaborado por esta plataforma global especializada en la evaluación y seguimiento de la tecnología blockchain, expone que los NFT están ganando valor de forma exponencial, estimándose que durante 2021 el mercado de los NFTs ha formalizado transacciones por importe superior a 26.900 millones de dólares, en los contratos ERC-721 y ERC-1155, los dos tipos de contratos inteligentes de Ethereum asociados a los mercados y cobros de NFT.

Los denominados "Non Fungible Tokens" (NFT) son en realidad certificados digitales de autenticidad asociados a archivos digitales (unidades de imagen, vídeo, audio, texto o archivo comprimido con un valor único) a través de la *blockchain.* Su naturaleza no fungible los hace insustituibles y no susceptibles de duplicarse; en este sentido, se afirma que guardan similitud con las obras de arte, pudiendo presentar un patrón similar al problema del mercado del arte y el blanqueo de capitales que se agudiza en los NFT debido a la agilidad de las transacciones y la falta de información acerca del movimiento de los fondos.

Igualmente se relaciona este mercado con la denominada "hiper-especulación ", detectándose en el mercado de NFT una

---

89 https://blog.chainalysis.com/reports/2022-crypto-crime-report-preview-nft-wash-trading-money-laundering/

práctica conocida como "*wash trading*", consistente en transacciones en las que el vendedor y el comprador de los NFT es, repetidamente, la misma persona, radicando el beneficio en el aumento (inflación) que experimenta el valor de los activos virtuales a través de la especulación (110 propietarios de NFT consiguieron obtener unos 8,9 millones de dólares de beneficio realizando "*wash trading*").

En la medida en que los NFT quedan fuera del ámbito objetivo de aplicación del Reglamento MiCA y de la normativa MiFID II, se plantea la posibilidad de que puedan ser considerados como activos asimilables a las obras de arte: ello abriría la puerta a su regulación efectiva a través de la ampliación del ámbito de las entidades sujetas a las obligaciones en materia de PBC/FT, a fin de incluir a estas plataformas de transacciones con NFT.

Las autoridades regulatorias europeas EBA, ESMA y EIOPA, publicaron en 2022[90] un comunicado advirtiendo a los consumidores sobre los riesgos de los criptoactivos, y lo mismo han hecho recientemente las autoridades de supervisión españolas[91].

---

90 "EU financial regulators warn consumers on the risks of crypto-asset", ESA, 2022. https://www.eba.europa.eu/sites/default/documents/files/document_library/Publications/Warnings/2022/1028326/ESAs%20warning%20to%20consu

91 *Vid.* "*Comunicado conjunto del Banco de España, la CNMV y la DG de Seguros sobre la advertencia de los reguladores financieros europeos en relación con los riesgos de los criptoactivos*", de 17 de marzo de 2022. https://www.bde.es/f/webbde/GAP/Secciones/SalaPrensa/NotasInformativas/22/presbe2022_19.pdf
En virtud del Real Decreto-ley 7/2021, de 27 de abril, que modifica la Ley 10/2010 de prevención del blanqueo de capitales y de la financiación del terrorismo, el Banco de España ha puesto en funcionamiento un Registro en el que deberán inscribirse quienes ofrezcan en España determinados servicios (cambio de criptomonedas por moneda de curso legal y custodios

7. EL PAPEL DEL OPERADOR JURÍDICO EN LAS TRANSACCIONES DESCENTRALIZADAS (DLT)

Que un "smart contract" no sea un contrato en el sentido tradicional[92] no quiere decir (al contrario) que el jurista no deba conocer e implicarse en esta nueva tipología de transacciones tecnológicas que están desarrollándose en ámbitos tan diversos como los servicios financieros, los seguros privados[93], la propiedad intelectual, los productos hipotecarios, la gestión de datos de pacientes en el marco de la prestación de servicios de e-Health (e-Salud o telemedicina), las aplicaciones del Internet de las Cosas ("IoT") e, incluso, el Derecho de Familia y de Sucesiones (v.gr, digitalización de las clausulas de protocolos familiares o de disposiciones testamentarias).

Puede y debe hacerlo, a nuestro juicio, por las siguientes razones:

a. Las transacciones blockchain producen efectos jurídicos y canalizan desde un punto de vista colaborativo la satis-

---

de monederos digitales), que deberán disponer de medidas y procedimientos adecuados en materia de prevención de blanqueo de capitales y financiación del terrorismo

La Circular 1/2022, de 10 de enero de la CNMV sobre la publicidad relativa a la inversión en criptoactivos tiene como objetivo que las campañas publicitarias en este ámbito se lleven a cabo siguiendo determinadas directrices en su contenido y formato, y que incluyan información suficiente sobre los riesgos de la potencial inversión.

92 La terminología utilizada en la última década del ya pasado siglo multiplicó exponencialmente el interés por un tema que afectaba por igual a juristas y expertos tecnológicos de diversos campos (computación e inteligencia artificial, ciencia de datos, ingenieros informáticos,...) pero que recibió, en un primer momento, escasa atención por parte de abogados y, en general, operadores jurídicos.

93 *Vid.* https://www.axa.com/en/magazine/axa-goes-blockchain-with-fizzy. De forma muy gráfica e ilustrativa en el mercado de seguros: https://www.youtube.com/watch?v=xJZulZ_-CMI&t=21s

facción de intereses y expectativas de sus usuarios. Si bien no son contratos "stricto sensu", resulta indudable la conexión de los "smart contracts" (al menos de la subcategoría configurada por los "smart legal contract") con el ámbito jurídico-contractual, al ser programas informáticos que facilitan, ejecutan y hacen cumplir acuerdos o contratos-base previamente registrados entre personas y organizaciones[94];

b. Quiérase o no, la práctica tecnológica demuestra que los denominados "smart contracts" se están desarrollando y van a seguir haciéndolo al margen de la calificación de su naturaleza jurídica, de su categorización conforme a moldes jurídicos tradicionales y de la provisión de un marco normativo, cuya necesidad resulta por algunos discutida (cuando no negada) al amparo del mantra de la pretendida superioridad tecnológica, regida por criterios de neutralidad y, eficiencia. ¿Para qué –se dice- cuestionar la *justicia* de una aplicación tecnológica que, en la práctica, se demuestra funcional (lo es) y presenta incuestionables ventajas desde parámetros de *eficiencia*? No es la primera ocasión en que la realidad social, más si resulta directamente condicionada por los avances tecnológicos, como sucede en nuestros días, avanza delante del Derecho. Pero, en este caso, el imparable desarrollo de *blockchain* convive con el debate mismo acerca de su viabilidad futura y la resistencia a adentrarse en esquemas que dinamitan ciertos pilares considerados axiales. No acostumbrado el jurista a trabajar con criterios de interdisciplinariedad (tampoco el programador informáti-

---

94 Una "Descentralized Autonomous Organization" (DAO) designa a las empresas que utilizan la tecnología "*blockchain*" con las siguientes particularidades: no constan en ningún registro mercantil ni son parte de ningún estado pues existen en Internet, sin perjuicio de que, posteriormente, puedan asumir alguna figura jurídica convencional.

co, que cree poder prescindir del experto en conflictos y normas), se muestra perplejo ante una realidad técnicamente compleja: el lenguaje de la programación no es accesible al lego y, para la implementación de estas aplicaciones se precisa la colaboración de programadores informáticos y otros profesionales. No son pocos los abogados y operadores jurídicos en general que desconocen por completo el funcionamiento y las funcionalidades de la blockchain[95], abundan los escépticos ante un avance vertiginoso de esta realidad digital y, constituyen por el contrario legión quienes cantan alabanzas a un modelo de interacción económica y jurídica basada en transacciones exentas del control público (ergo democrático) y, por ende, de regulación normativa alguna de carácter centralizado. Ecosistema digital que está demostrando su utilidad en diversos ámbitos de derecho público y privado sobre aspectos que afectan a derechos de la personalidad y otros indisponibles de consumidores y usuarios, pacientes, trabajadores, y, en general, sujetos de relaciones privadas patrimoniales contractuales o incluso reales

---

95 Quizás sean los registradores de la propiedad los profesionales jurídicos que antes se han percatado de la necesidad de conocer las utilidades de un sistema que pone en cuestión la tradicional forma de actuar de los agentes registrales–lenta, ineficiente y excesivamente costosa en términos temporales y monetarios-, en su labor de calificación de los títulos registrales y de inmatriculación e inscripción de la propiedad de inmuebles y derechos reales en el Registro de la Propiedad. En nuestro país, la situación es especialmente llamativa: a la fecha se inscriben en los registros de la propiedad 173.396 fincas, procedentes según el título de adquisición de compraventas, donaciones, permutas y herencias, principalmente. *Vid.* https://ine.es/daco/daco42/etdp/etdp0422.pdf.
El Colegio de Registradores de España pone a disposición de los interesados un avanzado sistema de geolocalización de Registros de la Propiedad en el enlace https://geoportal.registradores.org

("smart property"[96], familiares (digitalización de protocolos familiares) o sucesorias, etc.

c. En el "smart legal contract" (SLC), el contrato inicial, al que hemos denominado "*contrato-base*" o "*acuerdo marco*", que contiene los elementos personales, objetivos, causales a través de un clausulado de términos y condiciones que será codificado y, llegado el caso, inserto en una cadena de bloques, no puede a nuestro juicio considerarse un precontrato. El precontrato es un acuerdo o contrato

---

96 Se habla de "propiedad inteligente" o "cripto-propiedad" para referirse a la traslación de eficacia de los registros distribuidos para el intercambio de otros bienes y derechos a través de la "tokenización" de activos. Entendiéndose por "tokenizar" representar matemáticamente un derecho o propiedad a través de una secuencia de letras y dígitos que los representa unívocamente a fin de incorporarlos a un registro distribuido blockchain (DLT o no centralizado). En palabras de ANGUIANO, "en un entorno digital estas tokens o fichas no son sino "datos" (información) que representa bienes o derechos y cuyo funcionamiento se asimila al de los títulos valores: La posesión otorga la titularidad sobre ese concreto bien o derecho y habilita para su ulterior disposición, transfiriéndola a un nuevo titular. La virtud de *Blockchain* cuando emula el funcionamiento de los títulos valores es la misma que habilita el uso de las "cripto-monedas": impide su múltiple disposición". Es decir: soluciona el "problema del doble gasto". Se refiere a la propiedad inteligente la ley de firma electrónica suiza, como *(1) Información digital que incluye todos los elementos del derecho de propiedad, (2) que está registrada en Blockchain o en otro Registro distribuido, (3) que puede ser transmitida mediante la ejecución de un protocolo y (4) que puede ir o no ir acompañada de funciones adicionales gobernadas por un Smart contract que esta regido por un código y/o introducción manual de datos.* A diferencia de los contratos, la eficacia de blockchain es limitada en el ámbito de los derechos reales, más allá de su "numerus clausus", y es que carece el titular de estos derechos de la facultad de oponerlos con eficacia erga omnes, pues el protocolo no garantiza que tal bien no se ha transmitido anteriormente e incorporado a otro registro distribuido. En este sentido, ANGUIANO JIMÉNEZ, J.M. "Smart Contracts'. Introducción al 'contractware', *Diario La Ley*, 2 de enero 2019.

preparatorio de otro posterior (definitivo), que impone a las partes la obligación de colaborar de buena fe para que éste llegue a término. Todo precontrato anticipa el objeto y las condiciones esenciales del contrato definitivo, con el compromiso –obligación– de las partes de otorgarlo tan pronto como sea posible[97]. El acuerdo-marco al que nos referimos en los SLC es, en realidad el que, negociado "off-chain" entre las partes, contiene los elementos (consentimiento, objeto, causa, forma en su caso) cuya ejecución se realiza a través de la tecnología blockchain. Las condiciones y términos que se introduzcan (v.gr. condiciones suspensivas o resolutorias, plazos de ejecución, de entrega, etc.), son elementos accesorios que determinan no la validez (que se da sin su concurrencia, conforme a la teoría general de la contratación) sino la eficacia del contrato (dejará de producir efectos lo acordado, *ergo* no se ejecutarán las prestaciones, si concurre, v.gr, la mencionada condición resolutoria del siniestro). Pero, considerado el "smart legal contract" como una unidad funcional, el código informático resulta esencial, y todos los elementos personales, reales, formales, firmas digitales, condiciones, términos y cláusulas varias que se introducen para desencadenar el efecto de *enforcement* del "smart contract" inserto en el nuevo bloque de la blockchain son elementos que identifican y definen, todos ellos, el código cifrado que, por consenso de todos los participantes, es aceptado como un todo y que a partir del momento de su inserción en la red, produce efectos jurídicos. Esta fase previa, que abarca desde el estudio de viabilidad e idoneidad de los SLC como cauce idóneo de satisfacción de intereses hasta la configuración, primero jurídica, luego técnica, de

---

97 *Vid.* STS 23 de diciembre de 2021.

los términos y condiciones que los satisfacen de forma eficiente, requiere de la actuación sinérgica de juristas y programadores informáticos que lleven a la práctica la codificación de un clausulado jurídico maximizando los intereses, necesidades o expectativas de las partes o agentes involucrados. En el contrato base o marco negociado al modo convencional pueden introducirse cláusulas, condiciones y términos de todo tipo, más allá de lo que jurídicamente se entiende por condiciones (arts. 1113 y siguientes del CC español) y términos o plazos. En el código informático contenido en cada uno de los bloques pueden programarse condiciones suspensivas y resolutorias y términos, pero también cláusulas penales, penitenciales, derechos de retención posesoria y cualesquiera garantías personales o reales: si bien –se dirá- éstas dejan de tener sentido en un sistema que, operando automáticamente y sin (casi) posibilidad de fallos y, consiguientemente de incumplimientos (se prevé en el código el eventual remedio o "else") hace decaer, dentro de un nuevo paradigma de "fides" tecnológica, la razón de ser de la prestación de garantías (un nuevo acicate, se dice, para optar por este sistema). Como afirma Argelich[98], en el trasfondo de esta programación es donde radica la clave de la tarea del programador: prever en el código informático las distintas eventualidades que puedan manifestarse en la fase de ejecución.

d. El "smart legal contract" es un negocio que se autoejecuta de acuerdo con una programación previa. En un contrato auto-ejecutado, la confianza de las partes, como dice Argelich, "pierde relevancia a favor del cumplimiento de las prestaciones, pues su incumplimiento

---

98 ARGELICH COMELLES, C. "Smart contracts o Code is Law: soluciones legales para la robotización contractual", *INDRET*, 2, 2000.

resulta antieconómico y sus consecuencias negativas son automáticas, porque la identidad de la contraparte queda registrada de forma externa (...)[99]. Ello permite que la exigencia de la confianza, sobre todo basada en la solvencia, se desvanezca: el riesgo desaparece porque el "smart contract" registra el incumplimiento y automatiza sus consecuencias".

A nuestro juicio, la principal razón por la que los "smart legal contracts" (en general todos ellos) demandan la atención del operador jurídico, más allá de su calificación como contratos en sentido estricto o como otro tipo de negocios digitales dotados de eficacia vinculante y autoejecutables, es de carácter práctico: sean lo que sean ontológicamente hablando, puedan o no calificarse jurídicamente como contratos o tengan otra naturaleza, resulta claro que:

1° Producen, es indudable, efectos jurídicos;

2° La práctica actual constata su crecimiento exponencial en varios ámbitos de las transacciones negociadas individualmente, principalmente en la contratación en masa B2B y B2C y,

3° A la fecha, pocos estados han optado por reconocerlos jurídicamente. Carecen hoy de una regulación mínima uniforme que permita dotar de seguridad dichas transacciones y conjurar indeseables efectos de vulneración de derechos de la personalidad (como la confidencialidad de los datos personales) y desprotección de consumidores de productos y servicios y colectivos vulnerables a la brecha digital. Desconocer su eficacia jurídica implica dejarlos al albur de las dinámicas del mercado y de las aplicaciones logarítmicas, exentos de control y supervisión externa alguna bajo la coartada de una presunta "neutralidad algorítmica" que no es tal (por la presencia de sesgos), entre otras cosas y de una eficiencia que pretende im-

---

[99] ARGELICH (*ob. cit*) remite en este punto a AL-BASSAM, 2017, pp. 1-6.

ponerse como criterio axial sobre los principios de justicia y equidad inspiradores de los sistemas jurídicos clásicos.

8. MARCO REGULATORIO DE LA CONTRATACIÓN BLOCKCHAIN

8.1. Contratos tecnológicos a la búsqueda de un marco normativo

Siendo Blockchain una realidad cuya implementación avanza de forma vertiginosa a nivel global, algunos estados y organizaciones supranacionales son conscientes de la necesidad de dotarse de un marco regulatorio que proporcione seguridad jurídica a las plataformas que operan transacciones online de forma distribuida a través de esta tecnología.

El Derecho sigue a la realidad social ("*ubi societas ibi ius*") y, más allá del ámbito internacional, es éste un ámbito en el que, sin duda, puede afirmarse que los marcos regulatorios nacionales y supranacionales avanzan hoy "a remolque" de una tecnología cuya aplicación práctica es un hecho incontestable en las actuales sociedad digitales.

Estamos de acuerdo con aquella parte de la doctrina (ARGELICH) que afirma que la ausencia de una ordenación específica de los "smart contracts" y SLC ocasiona algunas disfunciones, derivadas de la necesidad de traducir al lenguaje informático cláusulas contractuales (aplicando el "*From Law to Code*"). En palabras de la autora, "El Derecho no siempre puede condensarse en un código informático, porque su automaticidad impide atender determinados elementos: los que requieran de una valoración subjetiva; los que atiendan a sujetos o conceptos tasados en la normativa o en la jurisprudencia; y los supuestos que originen responsabilidad civil (JOHNSON, 2017, pp. 73-78) o su exoneración por caso fortuito o fuerza mayor (WERBACH, 2017, p. 367), conforme al art. 1105 CC. Hasta la llegada de una regulación completa de esta materia, la igualdad material de las partes deberá encomendarse a una adecuada programación. Por ello, una regulación clara evitaría problemas en la aplicación de los "smart contracts", por su novedad y por la ausencia –al menos teórica– de una jurisdicción que reequilibre la asimetría negocial y mitigue los resultados inadecuados, derivados del automatismo del código informático. Estos retos pendientes de abordar se refieren principalmente a la personalización del contrato, los errores de programación y la responsabilidad civil, la protección y encriptación de datos de carácter personal, así como la invalidez e ineficacia en sentido estricto".

8.2. Derecho Internacional

Las características de la blockchain se adaptan bien al comercio internacional de mercancías: en particular, las cadenas de bloques resultan especialmente útiles y eficaces en lo que se refiere al seguimiento de trazabilidad de productos a lo largo del proceso de producción y fabricación hasta la entrega a su destinatario o consumidor final. En el ámbito internacional, la normativa sobre comercio internacional de mercancías ampara los "smart contracts": el art. 12 de la "*United Nations Convention on the Use of Electronic Communications in International Contracts*" (2005) disponía ya el uso de sistemas de mensajes automatizados para la formación de contratos y el art. 6 de la "*UNCITRAL Model Law on Electronic Transferable Records*" reconoce la posibilidad de insertar en un registro electrónico transferible la información contractual incluyendo metadatos.

En este sentido, debe citarse la actividad que en la actualidad se desarrolla en el ámbito de UNIDROIT y la CNUDMI (Comisión de las Naciones Unidas para el Derecho Mercantil Internacional-UNCITRAL-): la propuesta elaborada por el Gobierno de Chequia, recibida por UNIDROIT y la CNUDMI, ha cristalizado en el "*Draft Triennial Work Programme 2020-2022*" del UNIDROIT Governing Council[100].

El Informe sobre Tecnología e Innovación 2021 de la UNCTAD afirma que las tecnologías de vanguardia, como blockchain, podrían promover el desarrollo si los gobiernos aplican políticas que maximicen sus beneficios potenciales, mitigando al mismo tiempo los resultados perjudiciales. Observa que blockchain es potencialmente una tecnología clave en un nuevo paradigma tecnológico de creciente automatización e integración de los mundos físico y virtual, junto con la inteligencia artificial, los robots y la edición de genes, entre otros. En este escenario de etapas muy tempranas del período de instalación de este nuevo paradigma, señala la UNCTAD, el impacto real a largo plazo de estas tecnologías en la economía, las sociedades y el medio ambiente sigue sin estar claro: momentos similares en revoluciones tecnológicas anteriores ofrecieron ventanas de oportunidad para que algunos países en desarrollo se pusieran al día y otros se adelantaran. Por ello, la UNCTAD insta a los gobiernos de los países en desarrollo a reforzar sus sistemas de innovación para posicionarse estratégicamente y beneficiarse de esta nueva ola de cambio tecnológico. A pesar de algunas realidades negativas asociadas a estas tecnologías, como su potencial para empeorar la desigualdad, ampliar la brecha digital y perturbar la cohesión sociopolítica, podrían ser transformadoras para alcanzar los Objetivos de la ONU de Desarrollo Sostenible (ODS)[101].

---

[100] UNIDROIT, 2019, pp. 19-20. https://www.ecb.europa.eu/home/search/html/distributed_ledger_technology_dlt_.en.html

[101] TOYO KAWABATA (PNUMA), MINANG ACHARYA (PNUMA) COAUTORES: TSUBASA ENOMOTO (PNUMA), SAI AASHIRVAD KONDA. "La tecnología de cadenas de bloques y la sostenibilidad ambiental". *Informe ONU. Instituto Universitario de Altos Estudios Internacionales.* Ginebra, octubre de 2020. https://wedocs.unep.org/bitstream/handle/20.500.11822/34226/FB019_SP.pdf

8.3. La vanguardia en la implementación de los "smart contracts"

Blockchain es una red global que opera, por su propia naturaleza, más allá de las fronteras nacionales y de sus sistemas normativos.

En un sistema de organización política que no abandona el modelo de estados nacionales, la implementación de transacciones blockchain seguras y confiables que salvaguarden estándares básicos de justicia y transparencia exige a aquéllos dotarse de marcos normativos que contemplen y regulen estas tecnologías disruptivas, al menos en los aspectos más relevantes relativos a la seguridad y mecanismos de salvaguarda de la privacidad de los datos personales contenidos en las transacciones efectuadas en redes públicas.

Son varios los ordenamientos que antes se han posicionado en la regulación de los "SC" y "SLC". Algunas naciones occidentales del entorno anglosajón (EEUU[102] y Canadá[103], principalmente) así como, en el mundo oriental, China[104] y algunos países emergentes (India y estados del Golfo Pérsico) se han

---

102 En los EEUU de América, Nueva York fue el primer estado en regular las criptomonedas en 2015. Desde entonces, otros estados americanos (California, Washington, Florida, Arizona, Hawaii) disponen de marcos regulatorios, algunos de ellos de corte restrictivo (Nueva York, California, Nuevo México) y otros muy liberales como Arizona, criticados por su apertura y escasa predisposición a la advertencia de los riesgos inherentes a esta tecnología. https://www.scotthugheslaw.com/documents/CRYPTOCURRENCY-REGULATIONS-AND-ENFORCEMENT-IN-THE-US-2.pdf, *Thomson Reuters*, 2018.

103 "*Canada: Making the Blockchain Real for Corporate Registries*", junio 2017. https://diacc.ca/wp-content/uploads/2017/06/Blockchain-Corporate-Registries-Companion-Paper.pdf

104 En el Capítulo XX ("Contratos tecnológicos") del Libro III, relativo a los "Contratos", el "Civil Code of the People's Republic of China" (中华人民共和国民法典), de 28 de mayo de 2020, en vigor desde 1 de enero de 2020, establece una prolija regulación de estos contratos, concebidos en un sentido muy amplio. Disponible en 民法典英文版 (npc.gov.cn);

situado en el "grupo de cabeza" en la carrera por la implementación de esta tecnología en el campo legal.

En el ámbito de los EEUU de América, los estados de Vermont (6 de febrero de 2016)[105], Nevada (5 de junio de 2017)[106], Delaware (21 de julio de 2017)[107] y Arizona (3 de abril de 2018)[108], por este orden cronológico, ha sido los primeros que han establecido regulaciones "ad hoc", si bien bastante escuetas, de los "smart contracts".

A nivel federal, el Congreso de los EEUU presentó en 2018 la propuesta de "Blockchain Promotion Act", actualmente en fase de tramitación legislativa[109] en el Senado (mayo de 2021)[110].

Como da cuenta en su exhaustivo trabajo Argelich[111] estados como Canadá (DRUZETA, 2019), Suiza (HAEBERLI, 2019), Singapur (CIAMBELLA, 2019), Gibraltar (GARCIA, 2019), Rusia (STRIZH, 2019), y Estonia (LATT, 2019) están proyectando regulaciones específicas con el fin de hacer frente al blanqueo de capitales a través de las criptomonedas. Sobre criptoactivos,

---

https://english.www.gov.cn/archive/lawsregulations/202012/31/content_WS5fedad98c6d0f72576943005.html
https://www.chinajusticeobserver.com/a/chinas-first-civil-code-on-the-way

105 https://legislature.vermont.gov/statutes/section/12/081/01913

106 https://legiscan.com/NV/text/SB398/id/1626453

107 https://legiscan.com/DE/text/SB69/2017

108 https://legiscan.com/AZ/text/HB2603/id/1718691

109 Puede consultarse el texto en: https://www.govinfo.gov

110 Puede consultarse el texto en: https://www.congress.gov/117/bills/s1869/BILLS-117s1869is.pdf

111 ARGELICH COMELLES, C. (2020) "Smart contracts o Code is Law: soluciones legales para la robotización contractual", *INDRET*, 2, https://indret.com/wp-content/uploads/2020/04/04-Argelich-numerat.pdf

véase el reciente Informe "Blockchain & Cryptocurrency", de GLI (2023)[112].

8.4. El desafío de la UE: primeros avances comunitarios

En el ámbito de la Unión Europea, Blockchain representa un escalón más en el avance del Derecho comunitario en el ámbito de la tecnología y la digitalización. Organización supranacional que afronta en esta materia un doble desafío: si, por un lado, no puede permitirse quedarse rezagada en un mercado de aplicaciones tecnológicas que crece a un ritmo exponencial, y debiendo preservar su posición competitiva en los mercados internacionales, por otro se espera de ella la salvaguarda de principios y derechos (libre competencia, protección de la privacidad personal, de los derechos de consumidores y de sectores vulnerables de la población) que integran la misma esencia del acervo comunitario. Es por ello que apuesta desde hace poco tiempo por la implementación gradual, regulada y supervisada de la tecnología blockchain.

8.4.1. Referencia al nuevo paradigma de la identidad digital europea

Previamente haremos referencia a un tema conexo como es el de la identificación electrónica y su marco regulatorio en la Unión.

El Reglamento UE 910/2014 de 23 de julio de 2014, relativo a la identificación electrónica y los servicios de confian-

112 https://cms.law/en/media/local/cms-cmno/files/publications/publications/blockchain-cryptocurrency-regulation-2023

za para las transacciones electrónicas en el mercado interior[113] (Reglamento eIDAS)[114], regula la identificación electrónica, estableciendo pautas para los servicios de confianza relativos a las transacciones electrónicas comunes a todos los estados miembros: no sólo se contempla la regulación de la firma electrónica, sino también los denominados "servicios de confianza" (sellos y marcas de tiempo, documentos electrónicos y servicios de entrega electrónica registrada o correo electrónico certificado y servicios de certificado para autenticación de sitios web). Norma europea de aplicación directa complementada en España por la Ley 6/2020, de 11 de noviembre, reguladora de determinados aspectos de los servicios electrónicos de confianza[115].

El 3 de junio de 2021 fue publicada la Propuesta de Reglamento del Parlamento Europeo y del Consejo por el que se modifica el Reglamento (UE) nº 910/2014 en lo que respecta al establecimiento de un marco para una identidad digital europea[116](conocida como "eIDAS 2"), generando un cambio de paradigma en la identificación digital europea de ciudadanos y empresas.

En su Comunicación de 26 de enero de 2022, la Comisión Europea formuló la propuesta de una "Declaración Europea sobre los Derechos y Principios Digitales para la Década Digital": en su Capítulo I se enfatiza el denominado "derecho a la identidad digital" desde la óptica de los derechos de la personalidad derivados de la dignidad humana: «*Capítulo I: Las*

---

113 https://eur-lex.europa.eu/legal-content/ES/TXT/HTML/?uri=CELEX:32014R0910&from=ES

114 http://campus.usal.es/~revistas_trabajo/index.php/ais/article/view/13922

115 https://www.boe.es/buscar/act.php?id=BOE-A-2020-14046

116 https://eur-lex.europa.eu/legal-content/EN/TXT/?uri=CELEX%3A52021PC0281

personas, en el centro de la transformación digital: Las personas constituyen el núcleo de la transformación digital de la Unión Europea. La tecnología debe servir y beneficiar a todos los europeos y empoderarles para que cumplan sus aspiraciones, en total seguridad y con pleno respeto de sus derechos fundamentales». (párrafo 1º). En el Capítulo III se refuerza la identidad digitad entendida como una libertad de elección de las personas, *estableciendo que toda persona debería estar empoderada para beneficiarse de las ventajas de la IA a fin de tomar sus propias decisiones con conocimiento de causa en el entorno digital, así como protegida frente a los riesgos y daños a su salud, su seguridad y sus derechos fundamentales» (párr. 1º)*[117].

La identidad digital europea, concretada en las denominadas carteras digitales de identidad europea («*European Digital Identity Wallets*» o EDIW) implican para todo ciudadano comunitario portador de un documento nacional de identidad en un estado miembro el reconocimiento de una identidad di-

[117] El Informe «Identidad Digital y Biometría», de 23 de noviembre de 2021 reconoce la identidad digital como un derecho fundamental y básico para toda persona desde su nacimiento, resaltándose que constituye, además, un "derecho instrumental para el ejercicio de otros ", destacando las ventajas que la biometría en su estado actual ofrece para asegurar una identidad "real" frente a otra presunta. La justificación de esta creación de una identidad digital europea se encuentra al comienzo de la propuesta de nuevo Reglamento (https://eur-lex.europa.eu/legal-content/ES/TXT/DOC/?uri=CELEX:52021PC0281) que se propone como objetivo "proporcionar, para la utilización transfronteriza:
— Acceso a soluciones de identidad electrónica altamente seguras y fiables,
— La garantía de que los servicios públicos y privados puedan apoyarse en soluciones de identidad digital fiables y seguras,
— La garantía de que las personas físicas y jurídicas puedan utilizar soluciones de identidad digital,
— La seguridad de que dichas soluciones presenten un conjunto de atributos y permitan el intercambio selectivo de datos de identidad, y de que dichos datos se limiten a las necesidades del servicio específico solicitado,
— La garantía de la aceptación de los servicios de confianza en la UE (UE) y de la igualdad de condiciones para su prestación".

gital con operatividad transfronteriza que permite a su titular el acceso a los servicios públicos y privados, *online* y *offline*, y el control de sus atributos y datos personales.

A diferencia de los procesos de identificación electrónica regulados en la normativa comunitaria, la identidad digital europea es un concepto más amplio que conlleva funcionalidades diversas en el contexto digital, tanto de los servicios públicos como privados, prestados por proveedores online y offline, que deberán ser estudiados, permitiendo al ciudadano europeo tanto el acceso a estas funcionalidades con eficacia transfronteriza como el control de sus propios atributos y datos personales.

En nuestro país, este derecho a la identidad digital aparece configurado como un derecho de la persona con características propias y goza del reconocimiento constitucional y legal (LOPDP 3/2018, de 5 de diciembre), con la debida protección jurídica y judicial. Como "Soft Law", la "Carta de Derechos Digitales" reconoce el derecho a la identidad digital bajo la denominación de "derecho a la identidad en el entorno digital" (epígrafe II).

Corresponde a las normas civiles la tarea de definir, regular e implementar las garantías que permitan la verificación segura de esta identidad en el entorno digital. Los poderes públicos, con la colaboración de las entidades y sujetos privados, deben garantizar dicha decisión personal, que constituye un derecho de creación y uso de la identidad digital propia. En la creación y uso de la identidad digital, además del consentimiento y decisión de la propia persona, concurren también otros elementos ya que la multiplicidad de identidades digitales que puede requerir el acceso a los servicios digitales lleva consigo importantes riesgos de seguridad y pérdida de control por el sujeto titular de los datos que deberán evitarse con los instrumentos apropiados, tales como el diseño del sistema de identidad digital, la seguridad que soporte o contenga los elementos de la identidad digital, la efectividad y facilidad en el uso de la identidad digital que lleve a que sea aceptada en actividades tanto públicas como privadas y el control de su utilización, que debe estar siempre en poder de la persona que puede decidir en cualquier momento sobre su identidad digital, y en especial sobre sus medios o formas de acreditación según los parámetros legales y técnicos que las hagan posibles. Toda cesión del control de la utilización de la identidad digital deberá contar con el consentimiento expreso de la persona titular de dicha identidad.

La "European Digital Identity Wallet" constituye un salto cualitativo en la identificación digital de la persona: los sistemas de biometría buscan la certeza de lograr la acreditación de una identidad "real" frente a otra presunta, dado el factor de inherencia de los datos biométricos. El Proyecto de Reglamento de Identidad Digital Europea se refiere a la incorporación de datos biométricos en la cartera o wallet digital[118]: *«La utilización de la biometría para la autenticación es uno de los métodos de identificación que proporcionan un nivel alto de confianza, en particular cuando se combinan con otros elementos de autenticación. Dado que la biometría representa una característica única de una persona, su uso requiere medidas organizativas y de seguridad proporcionales al riesgoque dicho tratamiento puede conllevar para los derechos y las libertades de las personas físicas...» (Expositivo 11).*

---

118 Por lo que al ámbito del Derecho civil se refiere, las principales cuestiones que plantea el EDIW se encuentran ligadas a la contratación de este tipo de instrumento y sus condiciones, así como a su utilización y la obtención de los certificados que acreditan las estados de la persona, el acceso a la información de los diversos registros públicos y el control de esa información por parte de sus titulares. El tratamiento de esos datos constituye un elemento trascendental en la operatividad y configuración confiable del sistema, por lo que el análisis de los riesgos y las dificultades que pueden presentarse constituye una pieza clave.

También la Propuesta de Reglamento por el que se establecen normas armonizadas de Inteligencia Artificial contempla la utilización de sistemas de identificación biométrica para los que impone diversas exigencias que van desde su prohibición absoluta para aquellos sistemas de identificación biométrica remota en espacios de acceso público (con excepciones, art. 5.1 b)), pasando por sistemas de alto riesgo, y concluyendo con los sistemas de bajo riesgo para los que se imponen códigos de conducta (la mayoría de sistemas estarán incluidos dentro de la segunda categoría de alto riesgo).

8.4.2. Blockchain y el marco normativo comunitario: algunos hitos

En 2018 se creó el "*European Union Blockchain Observatory & Forum*"[119]con el objetivo de analizar el impacto de esta realidad y sentar las bases para su regulación. Como documento de discusión se presenta el exhaustivo Informe *"Legal Recognition of Blockchain Registries and Smart Contracts"*[120].

Se hace público el Informe del Workshop celebrado en París el 12 de diciembre de 2018 bajo el título "*EU Blockchain Observatory&Forum Workshop Report- Legal Recognition of Blockchains& Smart Contracts"*, en el que se resumen las principales líneas por las que va a transitar la acción comunitaria en este ámbito[121]. Su lectura no permite sentar aún conclusiones de-

---

119 https://www.eublockchainforum.eu/

120 HERIAN, R. (2018) "Legal Recognition of Blockchain Registries and Smart Contracts, *Open University Law School*".https://www.eublockchainforum.eu/sites/default/files/research-paper/legal recognition of blockchain registries and smart contracts final draft report appendix.pdf?width=1024&height=800&iframe=true

121 https://www.eublockchainforum.eu/sites/default/files/reports/workshop 6 report - legal recognition of blockchains.pdf?width

finitivas y resulta en algún punto contradictorio: si bien no se considera necesaria la regulación de contractos tecnológicos con carácter general sino "caso por caso" en cada sector de actividad, por otro lado se afirma la necesidad de establecer "*regulatory frameworks*" ante el surgimiento de nuevas formas organizacionales que actúan de forma descentralizada (DAO[122]) y suponen "*un nuevo tipo de personalidad legalmente reconocida*", lo cual requiere "*la creación de con un propio marco regulatorio*"[123].

No es hasta el mes de septiembre de 2019 cuando se emite un primer informe titulado *"Legal and Regulatory Framework of Blockchains and Smart Contracts"*[124] y *se* aborda la conveniencia de introducir modificaciones en el actual ordenamiento comunitario para dar cabida a los denominados "contratos tecnológicos", planteándose por vez primera la posibilidad de regular e implementar un marco normativo "ad hoc" en este ámbito.

El 25 de junio de 2020 se publica el extenso Informe "*2018-2020 Conclusions And Reflections" del "European Union Blockchain Observatory & Forum*" incidiendo en la necesidad de conjugar el desarrollo de un marco regulatorio que incentive y otorgue confianza a las transacciones blockchain a la vez que se adapte a la normativa europea vigente en materia de protección de datos personales.

En el marco del "BHub for Europe Project", en el mes de marzo de 2022 se publica el Informe "Report on insights, inputs

=1024&height=800&iframe=true

122 "Descentralized Autonomous Organization" que no constan en ningún registro mercantil ni son parte de ningún estado pues existen en la Red sin perjuicio de que puedan asumir algún tipo de figura jurídica convencional.

123 "EU Blockchain Observatory &Forum workshop Report -Legal Recognition of Blockchains & Smart Contracts", p. 9.

124 https://www.eublockchainforum.eu/sites/default/files/reports/report_legal_v1.0.pdf

and recommendations to EU Blockchain regulatory efforts"[125], cuya lectura arroja datos muy ilustrativos y permite formular conclusiones acerca de la percepción de los operadores económicos de la necesidad de regular de forma uniforme la tecnología blockchain y los "smart contracts" en la UE, definiendo conceptos y estableciendo reglas transparentes y claras.

Recientemente, el DOUE de 2 de junio de 2022 ha publicado el Reglamento (UE) 2022/858 del Parlamento Europeo y del Consejo, de 30 de mayo de 2022, sobre un régimen piloto de infraestructuras del mercado o basadas en la tecnología de registro descentralizado[126] con el objetivo de facilitar la emisión, negociación y liquidación mediante la tecnología de registro descentralizado de aquellos criptoactivos considerados como instrumentos financieros (*security tokens*). Para ello se modifica la definición de "instrumento financiero" de MiFID II para incluir y sujetar a su marco normativo regulador a los emitidos mediante TRD y se crea un "*entorno controlado de pruebas*" o *sandbox,* que permite que las infraestructuras del mercado basadas en TRD soliciten exenciones temporales de algunos de los requisitos normativos específicos en materia de instrumentos financieros[127].

8.4.3. Derecho comparado europeo sobre la Blockchain

En el continente europeo son varios los estados que, aunque de forma fragmentada e incompleta, comienzan a regular algunos aspectos de las transacciones descentralizadas.

---

125 Puede consultarse el PDF del documento íntegro en el enlace: https://b-hub.eu/wp-content/uploads/2022/03/B-HUB_Report-on-insight-sinputsrecommendations-to-EU-regulatory-efforts.pdf

126 https://www.boe.es/buscar/doc.php?id=DOUE-L-2022-80826

127 https://www.uria.com/documentos/circulares/1546/documento/12871/Nota_ESP.pdf?id=12871&forceDownload=true

Italia[128] ha sido pionera en el avance legislativo en esta materia en la UE: reconoce la existencia de los "smart contracts"[129] y les otorga pleno valor jurídico a sus estipulaciones, satisfaciendo el requisito de la forma escrita, previa identificación informática de las partes interesadas[130], a través de un proceso

---

[128] https://cysae.com/el-regulador-italiano-define-dlt-smart-contract-y-da-efectos-juridicos-a-la-estampacion-de-documentos-en-blockchain

[129] El Decreto Ley nº 135/2018 (art. 8 ter) había definido el "smart contract" como «un programa informático basado en DLTs [Distributed Ledger Technologies] cuya ejecución es legalmente vinculante para dos o más partes con referencia a los efectos previamente acordados por las mismas». Si media la identificación digital de las partes contratantes, se entiende que los smart contracts cumplen el requisito de la forma escrita.

[130] El segundo párrafo del precepto art. 8-ter establece que el *"contrato inteligente" se define como un programa informático que opera sobre tecnologías basadas en registros distribuidos y cuya ejecución vincula automáticamente a dos o más partes sobre la base de los efectos. predefinido por ellos. Los contratos inteligentes cumplen con el requisito de forma escrita después de la identificación informática de las partes interesadas, a través de un proceso que tiene los requisitos establecidos por la Agencia para Italia Digital con directrices que se adoptarán dentro de los noventa días a partir de la fecha de entrada en vigor de la ley que convierte este decreto.* Del art. 8-ter del Decreto de Simplificación de 2019 se deduce que este negocio jurídico tendría fuerza de ley entre las partes de conformidad con el art 1372 CC italiano desde el momento de su ejecución, no antes: el acuerdo entre las partes sobre los efectos sería un evento anterior a aquel en el que el SC se convierte en vinculante inter partes. Estaríamos ante un "tertium genus" (que se sumaría a los mecanismos de consensualidad y realidad) de formación de contratos, o la celebración del contrato como resultado de la validación generalizada por parte de los nodos de la blockchain *(Stefano CERRATO, Contratos tradicionales, derecho contractual y contratos inteligentes, p. 301).* NIGRO, R. "Smart contract, profili di qualificazione giuridica. Contratti automatici auto-eseguenti e principio consensualistico. Il linguaggio e le diverse forme degli SC", ALTALEX, Wolters Kluwer, 2021. Disponible en: https://www.altalex.com/documents/news/2021/06/29/smart-contract-profili-di-qualificazione-giuridica

que cumpla con los requisitos de la "Agencia para una Italia Digital", institución gubernamental que regula y vela por la digitalización de toda la información.

El Reino Unido[131] (y, en particular, Londres), se están convirtiendo en uno de los centros de blockchain a nivel mundial: en 2018, Gibraltar se convierte en la primera jurisdicción que introduce tecnología DLT y el sistema del "Common Law" (frente al continental) está permitiendo un desarrollo más ágil de estas tecnologías: la "Gibraltar Financial Services Commission's" está proyectando una regulación respecto de blockchain en relación con la normativa de las DLT.

En Francia, en 2018, el "Décret n° 2018-1226 du 24 décembre 2018 relatif à l'utilisation d'undispositif d'en registrement électronique partagé pour la représentation et la transmission de titres financiers et pour l'émission et la cession de minibons" modifica los arts 1 a 3 del Código de Comercio introduciendo menciones a los "dispositivos electrónicos de registro compartido"[132].

Suiza se sitúa hoy a la vanguardia no solo en la implementación de esta tecnología en el sector financiero sino en la regulación de la blockchain a nivel confederal. El 1 de agosto de 2021 entró en vigor la "Ley Federal sobre la Adaptación de la legislación a la Tecnología de Registro Electrónico Distribuido" y la ordenanza complementaria: el contenido de esta regulación, bastante avanzada, así como diversos comentarios aclaratorios, notas de prensa y anexos se hallan disponibles al

---

131 El exhaustivo Informe "Innovation Eye Disclaimer "Blockchain Industry in the UK Landscape Overview 2021: Companies, Investors, Influencers and Trends", Innovation Eye" puede consultarse en: https://analytics.dkv.global/Blockchain-in-the-UK-2021/Full-Report.pdf

132 https://www.legifrance.gouv.fr/affichTexte.do?cidTexte=JORFTEXT000037852460

público en la web de la confederación suiza[133]. Una de las áreas clave es la modificación de la ley de valores que proporciona una base jurídica segura para el comercio de derechos a través de registros electrónicos[134].

También Estonia ha establecido un sistema de gestión de identidades respaldado a nivel gubernamental que ha hecho realidad el concepto "Know-Your-Customer" (KYC) en Blockchain. Mediante el programa "e-residency" se ha creado una denominada "nación digital" para ciudadanos globales, ofreciendo de forma innovadora la "ciudadanía electrónica", que permite a cualquier ciudadano del mundo – siguiendo un procedimiento establecido –iniciar y gestionar negocios de forma remota (firma legal de documentos, gestión de cuentas bancarias, pagos, impuestos, etc.). La "Estonian Financial Supervisory Authority" ha publicado una guía para los usuarios de ICOs para regular la venta de tokens.

Bielorrusia[135] regula este tipo de transacciones en su legislación nacional: los "smart contracts" no sólo reciben reconocimiento legal explícito sino un tratamiento fiscal favorable representado por la exención del impuesto sobre la renta a los contribuyentes registrados como operadores de Blockchain, estando exentos de este tributo los beneficios obtenidos por los mineros por verificar los bloques en la red.

8.5. Tecnología blockchain y "smart contracts" en el ordenamiento español

En nuestro ordenamiento jurídico los "smart contracts" se rigen por una normativa fragmentada y dispersa: Código Civil;

133 https://www.sif.admin.ch

134 https://www.efd.admin.ch

135 https://park.by/en/?fromlang=Y

Ley 34/2002, de 11 de julio, de servicios de la sociedad de la información y de comercio electrónico, Ley 59/2003, de 19 de diciembre, de firma electrónica, Ley 21/2011, de 26 de julio, de dinero electrónico y legislación de consumidores y usuarios (TRLGDCU).

A. CÓDIGO CIVIL

El art.1262 CC, redactado por el número uno de la Disposición Adicional Cuarta de la Ley 34/2002, 11 dispone que

«*El consentimiento se manifiesta por el concurso de la oferta y de la aceptación sobre la cosa y la causa que han de constituir el contrato.*

Hallándose en lugares distintos el que hizo la oferta y el que la aceptó, hay consentimiento desde que el oferente conoce la aceptación o desde que, habiéndosela remitido el aceptante, no pueda ignorarla sin faltar a la buena fe. El contrato, en tal caso, se presume celebrado en el lugar en que se hizo la oferta.

En los contratos celebrados mediante dispositivos automáticos hay consentimiento desde que se manifiesta la aceptación».

B. CÓDIGO DE COMERCIO

El núm. dos, por su parte, modifica el art. 54 CCom, que queda redactado como sigue:

«*Hallándose en lugares distintos el que hizo la oferta y el que la aceptó, hay consentimiento desde que el oferente conoce la aceptación o desde que, habiéndosela remitido el aceptante, no pueda ignorarla sin faltar a la buena fe. El contrato, en tal caso, se presume celebrado en el lugar en que se hizo la oferta.*

En los contratos celebrados mediante dispositivos automáticos hay consentimiento desde que se manifiesta la aceptación.»

C. LEY 34/2002, DE 11 DE JULIO, DE SERVICIOS DE LA SOCIEDAD DE LA INFORMACIÓN Y DE COMERCIO ELECTRÓNICO

El Título IV de la Ley 34/2002, de 11 de julio, de Servicios de la sociedad de la información y de comercio electrónico aborda la eficacia de los contratos celebrados por vía electrónica, afirmando que "(...) *producirán todos los efectos previstos por el ordenamiento jurídico, cuando concurran el consentimiento y los demás requisitos necesarios para su validez*" (núm. 1).

Los contratos electrónicos se regirán por lo dispuesto en este Título, por los Códigos Civil[136] y de Comercio y por las restantes normas civiles o mercantiles sobre contratos, en especial, las normas de protección de los consumidores y usuarios y de ordenación de la actividad comercial.

Para que sea válida la celebración de contratos por vía electrónica "*no será necesario el previo acuerdo de las partes sobre la utilización de medios electrónicos*" (núm. 2).

En lo que se refiere a la forma del contrato, no es necesario un acuerdo previo de las partes sobre la utilización del medio electrónico para celebrarlo (art. 23.2 LSSI), e igualmente, cuando la ley se exija que el contrato conste por escrito, este requisito se entiende satisfecho si se contiene en un soporte electrónico.

El art. 24 LSSI dispone, en lo que se refiere a la prueba del contrato celebrado de este modo, que se estará a lo dispuesto en la Ley 59/2003, de 19 de diciembre, de firma electrónica

---

136 El art.1262 CC establece que «*El consentimiento se manifiesta por el concurso de la oferta y de la aceptación sobre la cosa y la causa que han de constituir el contrato. (...) En los contratos celebrados mediante dispositivos automáticos hay consentimiento desde que se manifiesta la aceptación*».
El núm. dos modifica el art. 54 CCom, que dispone que «*Hallándose en lugares distintos el que hizo la oferta y el que la aceptó, hay consentimiento desde que el oferente conoce la aceptación o desde que, habiéndosela remitido el aceptante, no pueda ignorarla sin faltar a la buena fe. El contrato, en tal caso, se presume celebrado en el lugar en que se hizo la oferta. En los contratos celebrados mediante dispositivos automáticos hay consentimiento desde que se manifiesta la aceptación.*»

y que el soporte electrónico en que conste será admisible en juicio como prueba documental. Las partes podrán pactar que un "tercero de confianza" archive las declaraciones de voluntad que integran los contratos electrónicos y que consigne la fecha y la hora en que dichas comunicaciones han tenido lugar (art. 25 LSSI), si bien su intervención no podrá alterar ni sustituir las funciones que corresponde realizar a las personas facultadas con arreglo a Derecho para dar fe pública. Los contratos, negocios o actos jurídicos en los que la Ley determine para su validez o para la producción de determinados efectos la forma documental pública, o que requieran la intervención de órganos jurisdiccionales, notarios, registradores de la propiedad y mercantiles o autoridades públicas, se regirán por su legislación específica.

Los arts. 27, 28 y 29 LSSI regulan las obligaciones previas a la contratación electrónica y, entre otras, el prestador de servicios está obligado a poner a disposición del destinatario, antes de iniciar la contratación y mediante técnicas adecuadas al medio de comunicación utilizado, de forma permanente, fácil y gratuita, determinada información, además de las *condiciones generales a las que deba sujetarse el contrato, de manera que éstas puedan ser almacenadas y reproducidas por el destinatario.*

Normativa ésta aprobada en un contexto creciente de transacciones online que pretende dar solución a los problemas que plantean los contratos celebrados por vía electrónica, pero que no contempla de forma singular los inherentes a las transacciones blockchain, más específicos[137].

---

[137] El 28 de febrero de 2020 se aprobaba el Proyecto de Ley reguladora de determinados aspectos de los servicios electrónicos de confianza, adaptación al Reglamento eIDAS. Tal y como se incluye en su Disposición Adicional Primera, *"lo dispuesto en esta ley no sustituye ni modifica las normas que regulan las funciones que corresponden a los funcionarios que tengan legalmente atribuida la facultad de dar fe en documentos en lo que*

En la fase de perfección contractual deben resolverse varias cuestiones: en primer lugar, la relativa a la identificación de quienes vayan a ser partes en la transacción, negocio o contrato respecto del que se predican efectos jurídicos.

Surge, en este sentido, el concepto de identidad digital como un modo de atribuir unos efectos de "personalidad jurídica" a estas "identidades" o agentes (distintos de las personas naturales y de las personificaciones jurídicas) que son los "nodos" o "usuarios" que operan transacciones blockchain. La "identidad digital"[138] representa un elemento de especial relevancia ante el surgimiento de la tecnología blockchain: ¿es posible atribuir personalidad jurídica a estas identidades que son los agentes, usuarios o nodos en una transacción operada tecnológicamente mediante blockchain?

La personalidad jurídica se reconoce al ser humano o a la persona jurídica como aptitud para la titularidad de derechos y obligaciones en el tráfico jurídico. Como dice Merchán Murillo, "es la información anexada a la transacción la que va a desempeñar el papel crucial en la transacción, no el individuo con el que se supone que se relaciona". Serán así personas o, más frecuentemente, organizaciones o entidades jurídicas, las

---

se refiere al ámbito de sus competencias». Como novedades, se reconoce la posibilidad de la identificación no presencial para la emisión de certificados cualificados y se elimina la figura del "Tercero de Confianza", pasando a ocupar su lugar los "Prestadores de Servicios de Confianza". La verificación de la identidad inicial es la clave para poder otorgar una identidad digital fiable a una persona física. En este sentido, un "Prestador de Servicios de Confianza" puede certificar que una persona es quien dice ser, si previamente ha comprobado dicha identidad de forma adecuada y siguiendo las condiciones mínimas de identificación, en función de los niveles de seguridad del art. 8 EIDAS.

138 MERCHÁN MURILLO, A. "Identidad digital: su incidencia en el blockchain". *Revista Aranzadi de Derecho y nuevas tecnologías,* Nº. 50, 2019.

que controlarán los nodos que van a procesar la información y, en definitiva, los big data y la Inteligencia Artificial[139].

Los nodos de la red pueden llegar al mismo consenso al compartir información y crear un libro compartido, global y público en el que todos confíen[140] siempre y cuando se cumplan, en palabras de Merchán, las siguientes condiciones: la verificación de cada transacción; la validación de transacciones en nuevos bloques, a través de la minería de datos; la validación de los bloques recién generados por todos los nodos y la adición de los nuevos bloques generados a la cadena con el mayor esfuerzo computacional posible.

Como se ha visto anteriormente, la "blockchain" no es sino un libro público distribuido en un buen número de nodos o computadoras: esta tecnología "proporciona el no repudio de las transacciones ordenadas por tiempo, por parte de un grupo de servidores distribuidos, generalmente, bajo el control de diferentes personas, generalmente en diferentes ubicaciones y preferiblemente en diferentes países". Los participantes dentro de la red tienen su propia copia de tal registro o "libro mayor" y "los cambios en el mismo son públicos y se transmiten a todos los nodos participantes" y aparecen en todas las copias.

Por otro lado, se plantea también en este punto la cuestión relativa al lugar de celebración de los negocios contractuales que se sirven de esta tecnología, toda vez que, cuando se in-

---

139 CUKIER, K. & MAYER-SCHOENBERGER, V.: "*Big Data. A Revolution that will transform how he live, work, and think*", Nueva York, 2013, p. 215, citado por MARCHENA en Identidad digital: su incidencia en el blockchain", *Revista Aranzadi de Derecho y Nuevas Tecnologías*, Nº 50, Estudios Jurídicos, Aranzadi, 2019.

140 MILLAR, C.: "Blockchain and law: Incompatible codes?", *Computer Law & Security Review* , 2018, vol. 34, núm. 4, pp. 843-84, citado por Marchena en "Identidad digital: su incidencia en el blockchain". *Revista Aranzadi de Derecho y Nuevas Tecnologías*, 50, 2019 Estudios Jurídicos, Aranzadi, 2019.

serta la transacción en la red, su naturaleza descentralizada dificulta determinar el lugar de su celebración. Como se señala por la doctrina, no existe por definición un "nodo central" que verifique la información contenida de forma cifrada en cada bloque, sino múltiples intervinientes o servidores que almacenan copias del registro efectuado y que se hallan muchas veces localizados en distintos países.

En aplicación de la LSSI (art. 29), tratándose de contratos celebrados entre empresario o profesional y consumidor o usuario, se entenderá como lugar de celebración del contrato aquel en que el consumidor tenga su residencia habitual, en tanto si lo es entre empresarios o profesionales entre sí, lo será el del lugar de establecimiento del prestador del servicio.

Si transitamos ahora del terreno normativo a la práctica de este tipo de plataformas en el comercio privado y en los servicios públicos, encontramos en nuestro país aplicaciones blockchain en varios ámbitos de actividad.

La red Alastria constituye en este sentido una de las mayores plataformas blockchain público-permisionadas y multisectoriales del mundo, que reúne a empresas, el mundo académico y las administraciones públicas con el propósito de impulsar las tecnologías DLT (en palabras de su publicidad corporativa en la web), basada en modelo de consenso PoA y en un modelo de Identidad Digital inspirado en el concepto de "Identidad Autogestionada[141]" o "Self Sovereign Identity" (SSI). Alastria[142] nace como plataforma colaborativa común *(*semipública-permisionada*)* contando desde sus inicios con cerca de setenta de las ma-

---

[141] El objetivo es proporcionar una identidad digital que cualquier persona pueda utilizar para todo tipo de transacciones en línea, desde el alquiler de una bicicleta hasta el pago de impuestos o la apertura de una cuenta bancaria, de forma fácil, segura y con control sobre sus datos, siendo aplicable a cualquier otro caso de uso.

[142] https://alastria.io

yores empresas e instituciones de distintos sectores de actividad: Telefónica, Banco Santander, Bankia, CaixaBank, BBVA, Sabadell, Kutxabank, Repsol, Cepsa, Indra, Barceló Viajes (Ávoris), BME, Caja Rural, Cajamar, entre otras y funciona como *hub* de conexión entre los diferentes actores, facilitando espacios para la participación y co-creación de plataformas, recursos, estándares y guías relacionadas con las tecnologías DLT.

La tecnología blockchain "ha venido para quedarse" y puede decirse que se halla, como la IA generativa y otros desarrollos disruptivos, en una fase embrionaria pero de muy rápido avance: encauzar su desarrollo en el contexto de los actuales marcos normativos no es sino garantía de seguridad jurídica, transparencia y confiabilidad derivada del cumplimiento adecuado de estándares de protección de los derechos de las personas en beneficio de todos los actores y agentes implicados.

Capítulo 3.

BLOCKCHAIN Y DERECHO PRIVADO: FUNCIONALIDAD PRÁCTICA

1. TRANSACCIONES NEGOCIALES "EX MACHINA": IMPLICACIONES EN EL ÁMBITO DE LA CONTRATACIÓN

Los "smart contracts" cumplen importantes funciones en la esfera jurídico-patrimonial, además de otras aplicaciones, por lo que, desde un punto de vista pragmático, interesa conocer su funcionalidad jurídica práctica en el ámbito jurídico. Sin pretensiones de exhaustividad, aludiremos en este epígrafe a algunas de las aplicaciones de los SC y los SLC en su actual fase de desarrollo tecnológico.

a. Préstamos y contratos de financiación.

El art. 1740 CC establece que "por el contrato de préstamo, una de las partes entrega a la otra, o alguna cosa no fungible para que use de ella por cierto tiempo y se la devuelva, en cuyo caso se llama comodato, o dinero u otra cosa fungible, con condición de devolver otro tanto de la misma especie y calidad, en cuyo caso conserva simplemente el nombre de préstamo. El comodato es esencialmente gratuito. El simple préstamo puede ser gratuito o con pacto de pagar interés". En su art. 311, el CCom se limita a establecer el carácter mercantil del préstamo cuando alguno de los contratantes sea comerciante y las cosas prestadas se destinen a actos de comercio. El Tribunal Supremo ha reconocido la naturaleza mercantil de los préstamos bancarios entre otras, SSTS (Sala 1ª), de 31 de octubre de 2001 y de 25 de mayo de 2021).

Se trata, como es sabido, de un contrato real (consensual en ciertos supuestos)[143] en el que una de las partes entrega a la otra dinero u otra cosa fungible con condición de devolver otro tanto de la misma especie y calidad (el "*tantundem*"), lo que reitera el art. 1753 CC ("el que recibe en préstamo dinero u otra cosa fungible, adquiere su propiedad, y está obligado a devolver al acreedor otro tanto de la misma especie y calidad"). Se pacte o no interés, se trata de un contrato unilateral, traslativo de dominio (el mutuatario se convierte en propietario de la cosa y se obliga a devolver el *tantundem*), de duración temporal y causal *(credendi causa)*. En cuanto negocio unilateral, genera obligaciones a cargo de una de las partes: el prestatario o mutuatario.

La tecnología descentralizada de ejecución automática que es blockchain se adapta bien a este tipo contractual. A la hora de instrumentar un préstamo dinerario o una línea de crédito, una persona o agente puede hacerlo de modo tradicional, solicitándolo de una entidad financiera o crediticia generalmente y bajo diversas modalidades contractuales (préstamo, apertura de crédito, crédito al consumo u otra fórmula de financiación). O bien puede utilizarse la cadena de bloques, activando en una plataforma una transacción de este tipo bajo el esquema *"if-then"/"if-else"*: de modo que si se cumple el "if" (la condición) de que el prestatario-deudor no efectúa en un plazo determinado la devolución de los plazos (y/o de los intereses convenidos, en su caso), el contrato automáticamente podría ("*then*") revocar las claves digitales que dan acceso a los fondos o activarse las garantías (en el caso de haberse constituido).

---

143 Sin embargo, como sostiene la doctrina, las partes podrían alterar tal configuración, haciendo que se perfeccione el préstamo por el consentimiento de las partes. En tal supuesto se trataría de un contrato bilateral y sinalagmático, que generaría para el prestamista la obligación de entrega de lo pactado.

a) Son varias las plataformas que ofrecen actualmente financiación a través de cadenas blockchain descentralizadas. En la plataforma Waves, por ejemplo, creada en 2016 con la intención de acercar blockchain al público general, los usuarios pueden lanzar sus propias criptomonedas y conseguir financiación a través del desarrollo de sus propios tokens. Especialmente útil para start-ups, "Vires Finance" ofrece en esta línea un protocolo de liquidez descentralizado en el que los usuarios pueden participar como prestamistas o prestatarios de criptoactivos: los SC sobre los que se realizan las transacciones y se depositan los fondos se programan merced a la seguridad y fiabilidad que proporciona el algoritmo y . Puede accederse a la operativa de estas plataformas de financiación en los enlaces siguientes: https://dev.waves.tech/es y https://v2.vires.finance

b. Gestión de riesgos en el sector asegurador y contratos de transporte de viajeros

El sector de los seguros privados se halla actualmente en una fase muy avanzada de transformación digital: aplicaciones tecnológicas, aplicaciones tecnológicas como las DLT permiten las DLT permiten, por un lado, agilizar pagos de indemnizaciones y cobro de primas y evitar situaciones de fraude, en un escenario de crecimiento de la objetivación de la responsabilidad civil, de desarrollo de los seguros obligatorios y de teorías del carácter social de la responsabilidad. Como se señala en un trabajo conjunto de Bonmatí Sánchez, Gonzalo Domenech y Ortega Giménez[144], el 61% de las compañías aseguradoras emplean actualmente Internet de las Cosas (IoT)y Blockchain.

[144] BONMATÍ SÁNCHEZ, J, GONZALO DOMENECH, J. J., y ORTEGA GIMÉNEZ, A. "El impacto jurídico del uso de la Inteligencia Artificial en el sector asegurador: la gestión de riesgos como medio para el cumplimiento normativo ". *Universidad Miguel Hernández de Elche. Derecho Digital e Innovación.* Núm. 10, Octubre-Diciembre, 2021.

Especialmente el ámbito de los contratos de transporte aéreo, las DLT se están utilizando para facilitar el pago de indemnizaciones por los daños y perjuicios ocasionados a los usuarios como consecuencia de los retrasos, cancelaciones o, en general, deficiencias en la prestación de estos servicios. A nivel normativo, es de aplicación en el ámbito europeo el Reglamento (CE) 261/2004 del Parlamento Europeo y del Consejo, de 11 de febrero por el que se establecen normas comunes sobre compensación y asistencia a los pasajeros aéreos en caso de denegación de embarque y de cancelación o retraso de los vuelos en la que se prevén compensaciones en caso de denegación de embarque, cancelación o retraso de vuelos de cuantía variable, según las circunstancias, entre 250 y 600 euros.

Blockchain permite así evitar a los consumidores la interposición de costosas y, a veces, complejas y farragosas reclamaciones y demandas indemnizatorias para conseguir un resultado resarcitorio que atiende a criterios totalmente objetivos y parametrizables.

La implementación de una tecnología que permite automatizar el pago de estas prestaciones debidas cuando concurran los supuestos condicionales predeterminados supone facilitar la relación entre la compañía aérea y el consumidor. Bastaría con que, en el momento en que se aceptaran las condiciones del servicio, se generase un "smart legal contract" entre cuyas cláusulas se incluyese el pago automático e inmediato de la compensación prevista en el momento en que concurrieran las condiciones estipuladas, las cuales deberían hallarse redactadas de forma clara, completa y accesible al consumidor. De modo que, si se verificasen tales retrasos o cancelaciones, el resarcimiento sería automático, directo y autoejecutable, sin necesidad de trámite adicional alguno, con la consiguiente evitación de intermediarios y la reducción de costes, tanto económicos como temporales. Es el modelo de operar de grandes compañías como, por ejemplo, la multinacional francesa "AXA"[145]. Vid. https://www.axa-im.com/our-stories/blockchain.

Para las aseguradoras, la implementación de estos contratos tecnológicos permitiría[146] comparar la oferta y la demanda en su sector, detectar más eficazmente posibles fraudes y recalcular los riesgos. Blockchain se está haciendo fuerte en el ámbito de los seguros. Esta tecnología moverá casi 1.394 millones de dólares en el mercado asegurador en 2023, según el reciente informe de "MarketsandMarkets"[147]. En materia de reaseguros, las redes DLT posibilitarían que la información entre aseguradoras fluyera de forma más eficaz compartiéndose en un entorno colaborativo en la cadena de bloques. El asegurado se beneficia de esta tecnología en cuanto dispone de una herramienta que le permite obtener la indemnización derivada de un siniestro de forma casi inmediata.

c. Compraventa de inmuebles, proyectos inmobiliarios y tokenización de activos

---

145 Según la web de la compañía aseguradora, "el uso de contratos inteligentes o *smart contracts* aporta dos beneficios fundamentales agiliza el proceso de compensación, tanto para los proveedores como para los reclamantes y mejora la relación entre la aseguradora y el cliente, puesto que con el uso de *smart contracts* el cliente ya no tiene que presentar una reclamación en caso de retraso. La decisión sobre la compensación se delega en un árbitro automatizado (el propio contrato inteligente), lo que elimina posibles disputas entre la compañía de seguros y el reclamante. En definitiva, mayor transparencia".

146 GARCÍA MEXÍA, P. *op. cit.*, p. 9, expone iniciativas como "B3i Re "o *Blockchain Innsurance Industry Initiative* , han promovido, desde hace cuatro años, el uso de redes DLT para agilizar los procesos de intercambio de información, centrándose en la contabilidad técnica y en la gestión de siniestros. El primer proyecto piloto de empleo de redes DLT en el ámbito de los reaseguros culminó en el año 2020 con éxito. La información se proporciona a través de https://b3i.tech/

147 Vid. https://www.marketsandmarkets.com/Market-Reports/blockchain-in-insurance–market-9714723.14723.html.

En operaciones de compraventa de bienes inmuebles, más aún cuando se trata de complejos proyectos inmobiliarios, el coste de cada operación jurídico-económica es muy elevado: la intervención notarial de asesoramiento, escrituración y protocolización, el registro del inmueble, el pago de impuestos, etc., son actuaciones que implican importantes costes económicos (y temporales) que la descentralización evita, o disminuye de forma considerable, en beneficio de todas las partes implicadas.

Se trata de un ámbito proclive a la sustitución del elemento personal de confianza (fides) por la que[148], el elemento personal de confianza (*fides)* se sustituya por la automaticidad y eficiencia del algoritmo[149].

---

148 Entre las iniciativas en esta materia destaca la efectuada en el proyecto piloto IPN (Instant Property Network), que posibilitó la venta de cientos de inmuebles mediante el uso de la tecnología Blockchain a través de la plataforma *Corda*, con transacciones inmediatas. Corda es una plataforma abierta *open source* de R3 que utiliza la tecnología "*peer-to-peer*" a través de una plataforma con redes DLT que facilita la creación de distintas aplicaciones en mercados regulados para dotar de confianza y seguridad a las transacciones: https://www.corda.net/

149 Blockchain supone un nuevo modelo de "*fides*" (confianza) entre contratantes. Piénsese en contratos de compraventa de vehículos en el que se ha pactado la reserva de dominio hasta el integro pago del precio. El vendedor de un vehículo no está dispuesto a cancelar la reserva pendiente de amortizar si el comprador C no le da garantía suficiente de adquisición, como tampoco C está dispuesto a pagar el precio pactado hasta la cancelación de la reserva. Si se incorpora a un contrato inteligente con cláusulas *if...then...else*, podría pactarse que "*si el vendedor cancela la reserva y obtiene certificado de cancelación de la misma, el comprador se obliga a pagar el precio total o el restante, dependiendo de lo estipulado*", o que, "*si el comprador abona parte del precio del bien, esa cantidad se destinará a cancelar la reserva y el vendedor se obligará, automáticamente, a vender el bien de su propiedad*". Estas cláusulas, junto con la posible consignación del precio en la propia cadena de bloques, permitirían ejecutar automáticamente, sin intervención humana, el contrato de reserva con arras y el contrato de compraventa proyectado, lo que evidenciaría un importante refuerzo en la confianza entre las partes contratantes.

En lo que se refiere a la tokenización de inmuebles[150]. Debe hacerse mención a la transmisión de derechos reales por medio de tokens, cuestión merecedora de un análisis particular cuyo estudio ha sido abordado por la doctrina en diversos trabajos de interés[151].

---

150 En palabras de ARRIETA, "En el ecosistema tecnológico un token es la representación digital de un activo o un bien existente en forma de asiento electrónico que se incluye en una base de datos digital gestionada con tecnología blockchain en la que se recoge su titularidad. Dada la imposibilidad material de convertir activos físicos en activos digitales para su comercialización en una cadena de bloques, se utiliza como ficción la representación en formato digital del activo a través de un símbolo o ficha que es el *token*".

151 Entre otros, VALPUESTA GASTAMINZA, E. y HERNÁNDEZ PEÑA, J.C. (Coords.), "*Tratado de Derecho digital*", Wolters Kluwer, Madrid, 2021, pg. 129. LEMIEUX, V.L., "Evaluating the use of blockchain in land transactions: an archival science perspective", *European Property Law Journal*, núm. 6, 2017, pp. 392- 440 y VERHEYE, B., "Real estate publicity in a blockchain world: a critical assessment", *European Property Law Journal*, núm. 6, 2017, pps. 441-477; RUIZ-GALLARDÓN y GARCÍA DE LA RASILLA, M. "Tokenización de activos y blockchain. Aspectos jurídicos", *Anales de la Academia Matritense del Notariado*, T. 60, 2020, p. 272; BARRIO ANDRÉS, M. "Concepto y clases de criptoactivos", en BARRIO ANDRÉS, M. (Dir.), "*Criptoactivos. Retos y desafíos normativos*", Wolters Kluwer, Madrid, 2021, p. 48, ARGELICH COMELLES, C. "La transmisión digital de la propiedad mediante su adquisición derivativa en las plataformas blockchain", en GARCÍA GOLDAR, M.a/NÚÑEZ CERVIÑO, J. (dirs.), "*El Derecho ante la tecnología: innovación y adaptación*", Colex, Madrid, 2022, p. 213, GONZÁLEZ-MENESES, M. "La «tokenización» de inmuebles: ¿economía colaborativa o mercantilización extrema?", en MUÑIZ ESPADA, E. "La protección del consumidor en la vivienda colaborativa", Wolters Kluwer, Madrid, 2021, Documento electrónico La Ley 10057/2019, pps. 6-7; CRIADO ENGUIX, J. "Blockchain: criptomonedas y tokenización de activos inmobiliarios. Efectos en el ámbito registral", *Revista de Derecho, Empresa y Sociedad*, núm. 16, 2020, p. 268; NASARRE AZNAR, S. "Naturaleza jurídica y régimen civil de los tokens en blockchain", p. 91; SIEIRA GIL, J./ CAMPUZANO GÓMEZ-ACEBO, J. "Tokenización de activos", en BARRIO ANDRÉS, M. (dir.), "Criptoactivos. Retos y desafíos normativos", Wolters Kluwer, Madrid, 2021, p. 196 y NADAL GÓMEZ, I. "Ejecución forzosa y blockchain. Panorámica general con especial atención a las monedas vir-

Como afirma Arrieta[152], la inexistencia de normativa específica determina, a la fecha la necesaria aplicación de las categorías jurídicas tradicionales, siendo preciso examinar hasta qué punto el ordenamiento español permite la transmisión de la propiedad inmobiliaria a través de plataformas DLT. Se plantean como problemas el reconocimiento de la adquisición del dominio inmobiliario a través del token digital, por un lado, y la seguridad jurídica que las transmisiones digitales ofrecen a los adquirentes y la eficacia frente a terceros de los derechos así adquiridos, por otro.

Si la característica de la tokenización es la representación simbólica de activos, no hay obstáculos para referir tal proceso al derecho de propiedad, pese a lo cual, tanto la complejidad de la contratación inmobiliaria como el alto valor económico de los inmuebles "desaconsejan la incorporación de la reglamentación contractual a los estrechos márgenes de la programación computacional de un "smart contract".

En palabras del autor, Blockchain "no puede a la fecha generar un sistema paralegal y autosuficiente que permita la acreditación y transmisión de derechos reales. De ahí que sea preciso rechazar la vigencia autónoma de la "*lex cryptographica*" y la necesidad de integrar las innovaciones tecnológicas en el marco regulatorio tradicional". En cualquier caso resultará aplicable el art. 10.1 CC, a tenor del cual «*la posesión, la propiedad, y los demás derechos sobre bienes inmuebles, así como su publicidad, se regirán por*

---

tuales", *Revista Jurídica del Notariado*, núm. 112, 2021, pp. 320;/GALLEGO FERNÁNDEZ, L.A., "Contratos automatizados, cadenas de bloques y Registros de la Propiedad", *Revista Crítica de Derecho Inmobiliario*, núm. 778, 2020, pp. 891; GOÑI RODRÍGUEZ DE ALMEIDA, M. "Sistema registral y blockchain", *Revista Crítica de Derecho Inmobiliario*, núm. 790, 2022, pp. 1156-1159.

152 ARRIETA SEVILLA, L.J. "El uso de tokens en transmisiones inmobiliarias", *Revista de Derecho Civil*, vol. X, núm. 2 (junio, 2023) Estudios, pp. 71-116, disponible en http://nreg.es/ojs/index.php/RDC

la ley del lugar donde se hallen». Será por ello la legislación española[153] (el CC y su teoría del título y modo ex arts. 609 y 1095 CC, la LH, el RH, etc.) la que determine los cauces para la transmisión

---

153 Como afirma ARRIETA, no parece aplicable el reciente reglamento MICA cuando se pretenda la representación digital de un derecho real inmobiliario: el propósito de la tokenización real está muy alejado de la ratio que motiva una norma que se encuadra en el diseño de un marco jurídico para la inversión a través de plataformas digitales. Además, la tokenización real no encaja en ninguna de las categorías de criptoactivos que aparecen en su articulado. El Reglamento MiCA define los criptoactivos como "una representación digital de un valor o un derecho que puede transferirse y almacenar electrónicamente, utilizando tecnología de libro mayor distribuido o similar". De su definición se extrae la diferencia entre criptodivisas o criptomonedas y 'tokens'. La norma fija ciertos requisitos a los emisores de criptoactivos y a los proveedores de servicios de criptoactivos: a los primeros les obliga a proporcionar información completa y transparente sobre los criptoactivos que emiten, y a cumplir con los requisitos de divulgación y transparencia. Por su parte, impone el registro obligatorio de los proveedores de servicios de criptoactivos, así como la implementación de medidas de seguridad y el cumplimiento de normas de blanqueo de capitales. A los "utility tokens" se refiere el reglamento de mercados de criptoactivos a través del concepto "ficha de servicio" como «un tipo de criptoactivo usado para dar acceso digital a un bien o un servicio, disponible mediante técnicas de registro distribuido, y aceptado únicamente por el emisor de la ficha en cuestión» (art. 3.1.5 MiCA). De ahí que tan solo den a su titular la posibilidad de acceder a servicios o de adquirir bienes ofrecidos por el emisor. Los "security tokens" constituyen la representación digital de la inversión de su titular en la entidad emisora y suponen para aquel el derecho a participar en las ganancias. En ocasiones, cuando se alude a la tokenización inmobiliaria es habitual referirse a supuestos en los que no es la propiedad lo que es objeto de representación digital sino la cuota de participación del titular del token en las ganancias generadas por la explotación comercial de un inmueble. En estos casos, la tokenización canaliza una inversión gestionada a través de una cadena de bloques. La función que desempeñan los *security tokens* —tanto para la entidad emisora como para los inversores— hace que presenten ciertas similitudes con las acciones. Su proximidad con los instrumentos financieros determina su expresa exclusión de MiCA por quedar integrados en la normativa específica de los instrumentos financieros y la regulación del mercado de valores.

de la propiedad de un inmueble ubicado en España independientemente del lugar en que se lleve a cabo.

d. Contratos de arrendamiento

La obligación de pago de la renta que contrae el arrendatario de un bien, mueble o inmueble, que recibe del arrendador la cesión del uso de la cosa puede ejecutarse de forma eficiente utilizando la tecnología blockchain. Las cantidades en concepto de renta pueden consignarse en la cadena de bloques: este valor monetario no se transfiere directamente al arrendador, sino que se almacena en la "*chain*", al tiempo que tampoco el arrendatario recibe las llaves que le permiten acceder al inmueble hasta la ejecución de la transacción en la red.

La doctrina pone en valor el potencial de equilibrar el poder de las partes evitando maniobras indebidas, maliciosas o por desconfianza por parte de una de ellas: la consignación de las rentas en la propia cadena de bloques, habiéndose predeterminado en el contrato-base que el pago se liberará cuando se cumpla el "*if*" de la entrega (virtual mediante Internet de las Cosas- "IoT"-) de las claves de acceso (tradicionalmente llaves), supone dotar al contrato de efectos de autoejecución, eliminando o, al menos, minorando incumplimientos y posibilitando verificar los pagos periódicos de renta de forma automática conforme se produzca el vencimiento de las mensualidades. Del mismo modo, podría dejarse constancia registral del acuerdo sin necesidad de acudir al registro público y generándose automáticamente los correspondientes justificantes de recepción del pago.

e. Contratos de depósito

Estas operaciones en blockchain consisten en efectuarse un depósito en una "parte de confianza" para garantizar el cumplimiento de otra transacción o contrato, sin que ninguno de los partícipes tenga acceso al mismo hasta que dos o más de las partes señaladas en el acuerdo previo "off-chain" la aprueben, liberándose con ello el constituido en favor de la persona indicada como beneficiaria[154].

Los conocidos como "dobles depósitos" eliminan a los terceros como fuente de verificación, de modo que si las partes no cumplen lo programado, el dinero se transfiere a una tercera parte en alguna dirección de la que no tienen clave privada de acceso, estableciéndose de esta manera un incentivo para cumplir en plazo y liberar la cantidad depositada.

2. APLICACIONES BLOCKCHAIN EN EL ÁMBITO DE LA PROPIEDAD Y DERECHOS REALES, PROPIEDAD INTELECTUAL, DERECHO DE FAMILIA Y SUCESORIO

a. Derecho Registral

Se plantea la doctrina si "blockchain" podría sustituir a un registro convencional con efectos frente a terceros, con contenido jurídico sustantivo, así como el papel a desempeñar por los notarios y los registradores en cuanto validadores de su contenido. En este sentido, BOLDÓ, tras analizar posturas favorables y contrarias a dicha implantación así como la experiencia comparada al respecto, concluye que dicha tecnología "no puede sustituir la función de calificación jurídica ni prescindir de las garantías que constituyen los sistemas de seguridad ju-

---

[154] El mecanismo del doble depósito permite eliminar al intermediario, permitiendo a dos o más partes que no se conocen entre sí y que carecen de confianza recíproca realizar una transacción segura depositando en una dirección de la cadena de bloques fondos destinados para el cumplimiento del contrato. En este sentido, DÍAZ DÍAZ, E. "Una aplicación jurídica del «Blockchain»: los «Smart Contracts»". *Revista Aranzadi de Derecho y Nuevas Tecnologías,* Nº. 50, 2019.

rídica preventiva destinados a proteger las transacciones y los derechos de terceros"[155].

Los Registradores de la Propiedad constituyen el colectivo de profesionales jurídicos que antes ha advertido en nuestro país la necesidad de conocer la utilidad de un sistema que pone en cuestión su tradicional "modus operandi" en su labor de calificación de los títulos registrales y de inmatriculación e inscripción de la propiedad de inmuebles y derechos reales en el Registro de la Propiedad[156].

Un ejemplo de aplicación práctica de la tecnología blockchain en este ámbito lo encontramos en el Reino Unido. "HM Land Registry" es el departamento gubernamental creado en 1862 para registrar la propiedad de la tierra y otros derechos reales en Inglaterra y Gales. En este país se ha implementado en tal registro público[157] se ha implementado la automatización robótica de procesos ("RPA") como una herramienta táctica de mejora de la organización registral: la ambición es *"convertirse en el registro de tierras líder en el mundo por su velocidad, simplicidad y un enfoque abierto de los datos"*. Si bien queda mucho por recorrer en lo que se denomina "automatización registral", se aspira a que cada propiedad que se codifica de forma única se vincule a una clave inteligente que sólo poseería el propie-

---

155 BOLDÓ RODA, C."Cadena de bloques y registro de derechos", *Revista Aranzadi de Derecho y Nuevas Tecnologías*, Nº. 53, 2020.

156 En nuestro país, la situación es especialmente llamativa: según datos oficiales del INE de abril de 2022, se hallan inscritos en los registros de la propiedad un total de 173.396 fincas, procedentes según el título de adquisición de compraventas, donaciones, permutas y herencias, principalmente. https://ine.es/daco/daco42/etdp/etdp0422.pdf. El Colegio de Registradores de España pone a disposición de los interesados un avanzado sistema de geolocalización de registros de la propiedad en el enlace https://geoportal.registradores.org

157 *Vid* https://www.notariesofeurope.eu/wp-content/uploads/2021/09/Land-and-Poverty-Conference_Blockchain-Presentation.pdf

tario, con la consiguiente disminución de costes temporales y económicos[158].

b. "*Smart property*", propiedad inteligente o "cripto-propiedad"

Se entiende por "tokenizar" activos la acción de representar matemáticamente una propiedad o un derecho a través de una secuencia de letras y dígitos que los representa unívocamente con el fin de incorporarlos a un registro blockchain. En palabras de Anguiano, "en un entorno digital, estas tokens o fichas no son sino "datos" (información) que representa bienes o derechos y cuyo funcionamiento se asimila al de los títulos valores: la posesión otorga la titularidad sobre ese concreto bien o derecho y habilita para su ulterior disposición, transfiriéndola a un nuevo titular.

La virtud de Blockchain cuando emula el funcionamiento de los títulos valores es la misma que habilita el uso de las "cripto-monedas": impide su múltiple disposición". Es decir, soluciona el "problema del doble gasto" al que nos hemos referido anteriormente.

Como se refiere a la propiedad "inteligente" la ley de firma electrónica suiza (Ley Federal de 19 de diciembre de 2003 sobre los Servicios de Certificación en el ámbito de la Firma Electrónica), como "(1)Información digital que incluye todos los elementos del derecho de propiedad, (2) que está registrada en Blockchain o en otro Registro distribuido, (3) que puede ser transmitida mediante la ejecución de un protocolo y (4) que puede ir o no ir acompañada de funciones adicionales gobernadas por un Smart contract que está

---

158 https://www.uipath.com/resources/automation-case-studies/hm-land-registry-rpa-government#:~:text=HM%20Land%20Registry%20is%20a%20UK%20government%20department,be%20secured%20against%20property%20across%20England%20and%20Wales.

regido por un código y/o introducción manual de datos". A diferencia de los contratos, la eficacia de blockchain es limitada en el ámbito de los derechos reales, más allá de su "numerus clausus", y es que carece el titular de estos derechos de la facultad de oponerlos con eficacia "erga omnes", pues el protocolo no garantiza que tal bien no se ha transmitido anteriormente e incorporado a otro registro distribuido[159]. Algunas compañías que operan en el ámbito inmobiliario (Propy, Reental, Domoblock, entre otras) utilizan la tokenización para ofrecer a sus clientes nuevos productos y servicios en este mercado, como la inversión en activos inmobiliarios tokenizados o la micropropiedad. Véase, por ejemplo, la web de la mercantil española Rental que permite a los inversores invertir en bienes raíces tokenizados para generar ingresos pasivos. https://www.reental.co

c. Propiedad Intelectual: cálculo, liquidación y pago de royalties

La Oficina Internacional de la Propiedad Intelectual (OMPI) publicó el 5 de octubre de 2021 el "Informe sobre el documento técnico de Blockchain para el ecosistema de IP"[160], analizando las posibles aplicaciones y oportunidades que la cadena de bloques ofrece a los ecosistemas de propiedad intelectual, así como los desafíos que plantea. Si bien ciertas soluciones blockchain sólo tienen aplicaciones potenciales en una sola fase de la cadena de valor de la propiedad intelectual, otras las tienen en varias. El denominado "Libro Blanco" de la OMPI destaca algunos de los principales usos de esta tecnología en este ámbito:

---

159 *Vid.* ANGUIANO JIMÉNEZ, J.M. Smart Contracts'. Introducción al 'contractware', *Diario La Ley,* 2 de enero 2019.

160 *Vid.* https://www.wipo.int/edocs/mdocs/cws/en/cws_9/cws_9_8.pdf

- Sello del tiempo digital, que prueba de que un documento, archivo o cualquier tipo de contenido existió o se estableció en un entorno digital en una fecha y hora determinada. CEDRO ha puesto a disposición de los autores y editores socios el Registro digital de la propiedad intelectual, sistema que utiliza el sello del tiempo, que prueba que un conjunto de datos (la obra inscrita) existe en un momento exacto, asegurando así su inalterabilidad y trazabilidad;
- Transacciones a través de contratos inteligentes. Los actores pueden suscribir transacciones mediante SC con seguridad y mayor transparencia;
- Servicios de arbitraje y ADR: blockchain se puede utilizar para aumentar la seguridad con respecto a las pruebas relativas a la disputa entre las partes en una transacción, manteniendo la confidencialidad y la automatización a través de "smart contracts";
- Cumplimiento de los derechos de propiedad intelectual: esta plataforma permite a autoridades y titulares de derechos compartir datos y realizar transacciones de forma segura en la red. En 2019 se implementa por CEDRO un registro para la certificación en la plataforma Ethereum de las licencias de derechos de autor, facilitando la trazabilidad y la transparencia[161].

La virtualidad de la tecnología blockchain en este ámbito ha sido puesta de manifiesto por la doctrina española y se manifiesta en tres aspectos: gestión eficaz y transparente de los derechos de autor, protección de secretos industriales y seguimiento de la trazabilidad de productos protegidos por derechos de autor para evitar falsificaciones. En lo que se refiere a

[161] Vid. https://www.cedro.org/blog/articulo/blog.cedro.org/2022/05/10/blockchain-y-propiedad-intelectual

la eficiencia, transparencia y seguridad en la gestión de los derechos de autor, las tecnologías DLT permiten como ventajas: poder tener una fecha cierta de la creación; quedar acreditada su autoría (el "timestamp", así como la información de la la obra forman parte del bloque de una blockchain caracterizada por su carácter inalterable.[162]

d. Derecho de Sucesiones

En el ámbito sucesorio, se afirma que blockchain constituye una vía segura y más confiable y eficiente para canalizar y registrar una persona sus últimas voluntades transformando la función notarial en este ámbito[163]. Es posible, además, instrumentar de este modo la transmisión de la (mal llamada) "herencia digital", las memorias "post mortem" o incluso de las conocidas como "cápsulas del tiempo"[164].

En este punto, la descentralización permite ahorrar costes en los procesos de liquidación hereditaria, al automatizar el cumplimiento de la obligación de entrega de bienes y pago de numerario a los beneficiarios una vez constatado (mediante el recurso a los denominados "oráculos" o fuentes de validación esterna), los hechos objetivos y fácilmente verificables del fallecimiento del causante, el otorgamiento de últimas voluntades (o su ausencia, dando entrada al orden legal) y la superviven-

---

162 Vid en este sentido ALVARADO BAYO, M.C. y SUPO CALDERÓN, D., "Blockchain y propiedad intelectual: aplicando una tecnología innovadora en la gestión de derechos intangibles", en Themis Revista de Derecho, Nº. 79, 2021, pp. 345-357 DOI: 10.18800/themis.202101.019

163 Como apunta LOPEZ DEL MORAL, I. *Law and Trends*, 2017, Disponible en https://www.lawandtrends.com/noticias/tic/blockchain-en-el-ambito-sucesorio-1.html#:~:text=Sin%20embargo%2C%20lo%20cierto%20es%20que%20los%20beneficios,las%20ventajas%20de%20su%20aplicación%20en%20materia%20testamentaria.

164 *Vid.* https://timedao.org.

cia, en su caso, de herederos o legatarios de aquél, o de sustitutos vulgares o fideicomisarios.

A nuestro juicio, la verificación de estos hechos y actos a través de la tecnología blockchain podría complementar la intervención de fedatarios y registros públicos, limitando intermediarios y tramitaciones innecesarias en procedimientos que, por su naturaleza, se adaptan a esquemas de pre-programación de condiciones y términos de naturaleza objetiva y fácilmente parametrizable[165] cuya concurrencia permita, a través de la tecnología, la automatización de su ejecución.

---

[165] Si bien debe hacerse también referencia en este punto a las desventajas de esta tecnología, en particular en lo que se refiere a la irrelevancia de los elementos subjetivos (de especial relevancia en las relaciones jurídico familiares y sucesorias), al efecto de irrevocabilidad de lo registrado y codificado en la red y a la dificultad de articular remedios frente a la posibilidad de captación de voluntad, violencia, influencia indebida, abuso de confianza o, en general, fraude testamentario, sancionadas en las leyes cuando logran resultar probadas, con la nulidad absoluta o de pleno derecho del acto así otorgado.

Capítulo 4.

TRATAMIENTO Y PROTECCIÓN DE DATOS Y AVANCE DE LAS DLT

1. DATOS DE SALUD EN EL NUEVO PARADIGMA DE E-HEALTH Y MEDICINA PERSONALIZADA

Las características de los sistemas blockchain, en particular su carácter descentralizado, la anonimicidad y el acceso abierto de sus usuarios a los datos cifrados y criptografiados despliegan su virtualidad en el ámbito de la denominada Salud Digital (e-Health).

La Salud Digital y la Medicina personalizada configura un nuevo paradigma en la atención sanitaria, enfocada en una atención individualizada, personalizada[166], y basada en las necesidades singulares de cada persona y en la redefinición de la autonomía del paciente, al que se asigna un rol más proactivo[167]. Alejándose del actual enfoque centrado en la enfermedad o patología manifestada, las necesidades del paciente se exploran desde un enfoque preventivo y predictivo que considera como fuente de valor a la propia persona y confiere protagonismo

---

166 Personalizada, predictiva, preventiva y participativa.

167 Un reciente trabajo publicado en la International Journal of Medical Informatics (abril ,2021) resume y sistematiza las oportunidades de blockchain en el ámbito de la telemedicina.RAJA WASIM AHMAD, KHALED SALAH, RAJA JAYARAMAN, IBRAR YAQOOB, SAMER ELLAHHAM, MOHAMMED OMAR "The role of blockchain technology in telehealth and telemedicine". Research Center on Digital Supply Chain and Operations Management (DSO), Khalifa University of Science and Technology, *International Journal of Medical Informatics*, V.148, abril de 2021.

a la información contenida en sus datos personales (ingentes cantidades de datos de pacientes enfermos y de personas sanas, incluidos datos genéticos, genómicos y proteómicos) cuyo tratamiento arroja resultados que permiten individualizar pautas y estrategias de salud preventiva y decisiones clínicas singularizadas y altamente precisas.

Adquiere especial trascendencia en este nuevo modelo de salud, tanto en el ámbito privado como en el público, el acceso, comunicación, consulta, transmisión y registro de los datos relativos a la salud de pacientes: datos especialmente sensibles vinculados legalmente a la intimidad de las personas y confidenciales dotados por esta razón de un régimen normativo de especial protección.

1.2. Datos de salud y datos genómicos: la estrecha conexión entre su delimitación conceptual y su protección jurídica en ecosistemas globales

En el ámbito de la normativa europea, el art. 4.15) RGPD acoge un concepto amplio de los datos relativos a la salud, definiéndolos como aquellos "datos personales relativos a la salud física o mental de una persona física, incluida la prestación de servicios de atención sanitaria, que revelen información sobre su estado de salud".

Definición cuya hermenéutica debe realizarse teniendo en cuenta lo dispuesto en el Considerando 35º de la norma comunitaria (de aplicación directa), que incorpora el enfoque del Consejo de Europa, según el cual se consideran tales "todos los datos relativos al estado de salud del interesado que dan información sobre su estado de salud física o mental pasado, presente o futuro", realizando una enumeración "numerus apertus" de la información que se considera incluida.

De manera muy amplia, se incluye "la información sobre la persona física recogida con ocasión de su inscripción a efectos de asistencia sanitaria, o con ocasión de la prestación de tal asistencia, todo número, símbolo o dato asignado a una persona física que la identifique de manera unívoca a efectos sanitarios; la información obtenida de pruebas o exámenes de una parte del cuerpo o de una sustancia corporal, incluida la procedente de datos genéticos y muestras biológicas, y cualquier información relativa, a título de ejemplo, a una enfermedad, una discapacidad, el riesgo de padecer enfermedades, el historial médico, el tratamiento clínico o el estado fisiológico o biomédico del interesado, independientemente de su fuente, por ejemplo un médico u otro profesional sanitario, un hospital, un dispositivo médico, o una prueba diagnóstica in vitro".

La protección normativa se extiende así a datos que son considerados de una manera muy extensa y ello, como afirma la doctrina, con vocación de permanencia en relación a posibles futuros desarrollos científicos y tecnológicos, cuyo avance se produce a un ritmo exponencial.

La elección de esta forma amplia y comprehensiva de definir los datos personales de salud pudiera parecer la idónea, desde el momento en que permite cobijar bajo su manto protector una pluralidad de datos a priori heterogéneos, como las muestras biológicas, los datos genéticos y los datos obtenidos por un médico o por el mismo paciente a través de determinados dispositivos de medición de variables.

Lo cierto es que, en un escenario global con vocación de trascender fronteras nacionales, este tipo de soluciones normativas omnicomprensivas dificulta el proceso de armonización entre sistemas nacionales, cada uno de los cuales puede optar (así ha sido) por un determinado modelo y umbral de protección. Ello da pie a que proliferen problemas de interpretación en casos concretos dada la existencia de una regulación dispersa y "multinivel" que ha recibido las críticas de buena parte de la doctrina[168]

En particular, la información contenida en los datos genéticos, relativos al genoma y al ADN[169], representa una de las palancas del actual desarrollo científico-médico y de la evolución hacia un nuevo modelo de medicina personalizada y genómica, de carácter preventivo de enfermedades y enfoque singularizado en cada persona-paciente.

---

168 *Vid.* ALARCÓN SEVILLA, V. "Actualización de la normativa de protección de datos en materia de sanidad: su incidencia en salud pública e investigación de enfermedades". En: ANDREU MARTÍNEZ, M. B.; SALCEDO HERNÁNDEZ, J. R. "Autonomía del paciente mayor, vulnerabilidad y e-salud", Valencia: 2018, Tirant lo Blanch. p. 256; SARRIÓN ESTEVE, J. "Health Data Treatment: An approach to the International and EU Legal Framework". ARNOLD, R. (ed.); CIPPITANI, R. (ed.) "Genetic Information and Individual Rights" [en línea], p. 37, todos ellos citados por RECUERO LINARES, M. en «La investigación científica con datos personales genéticos y datos relativos a la salud: perspectiva europea ante el desafío globalizado». AEPD. Madrid, 20 de noviembre de 2019. https://www.aepd.es/sites/default/files/2020-02/premio-2019-emilio-aced-accesit-mikel-recuero.pdf

169 El ADN es una molécula (o conjunto de moléculas) que contiene toda la información genética del ser humano y que se encuentra distribuido en diversos fragmentos o cromosomas. El genoma representa la información sobre un individuo, su familia o incluso, la comunidad o especie a que pertenece. Debe distinguirse, por un lado la misma molécula de ADN (elemento material desde el punto de vista jurídico) y por otro, la información que contiene, es decir, los datos genéticos. Elemento inmaterial que arroja cuestiones y retos jurídicos de trascendental importancia: se dice que los datos genéticos son el "código de barras" de cada persona, un patrón identificador que no solo distingue a un individuo de otro, sino que se extiende a otros componentes esenciales que afectan a su vida futura e incluso a la de sus familiares. A partir de ahí, partiendo de las innumerables ventajas del tratamiento de estos datos para el avance en la curación de enfermedades, se plantea el alcance que ha de darse a la exigencia del consentimiento de su titular para usos de investigación o clínicos de unos datos que pueden revelar información personal, pero también de parientes y familiares cuando se trata de enfermedades hereditarias.

La secuenciación de los datos genéticos registrados legalmente en ficheros o bancos de datos permite el desarrollo de funciones de investigación y clínicas en el estudio y tratamiento del cáncer, enfermedades neurodegenerativas y enfermedades raras, siendo un pilar de la medicina personalizada y de la investigación farmacológica[170].

Además de la funcionalidad de la medicina predictiva en el ámbito de la investigación médica, el análisis del genoma humano puede evitar enfermedades causadas por la interacción de los genes y el medio y prevenir efectos ambientales peligrosos antes de que sus secuelas se manifiesten clínicamente. La medicina predictiva, la consulta genética pre-gestacional y la renuncia, en su caso, a tener descendencia permiten evitar la transmisión degenerativa de enfermedades. Igualmente, el padecimiento de algunas dolencias de origen genético puede aliviarse cambiando el estilo de vida, alimentación o adoptando medidas de vida saludable. Frente al diagnóstico médico habitual en la actualidad, dirigido a examinar enfermedades ya contraídas, la medicina predictiva apunta a la constitución genética de la persona. El concepto clásico de enfermedad (y la consiguiente adjetivación del paciente como enfermo) se amplía para incluir la noción, más amplía y a la vez imprecisa, de disposición (o predisposición) patológica. Habrá enfermos, pero se trabajará en un porcentaje muy elevado desde una óptica preventiva con la predisposición de las personas por su actividad laboral o profesional, sus hábitos nutricionales, su estilo de vida sedentario o activo, su nivel de estrés, o su genética, a determinadas patologías, trastornos o enfermedades físicas o mentales.

---

170 MURILLO DE LA CUEVA, P. L. "La protección de la información genética". *Revista de derecho y genoma humano: genética, biotecnología y medicina avanzada.* Leioa: UPV/EHU y Dykinson, nº Extra 1, 2014. p. 214

En este escenario, el avance científico médico requiere recabar información acerca de enfermedades predecibles y la predisposición de ciertos sujetos a contraerlas en función de determinadas variables que, en cierta medida, son controlables. Los datos genéticos adquieren en este contexto de e-Health un especial significado y trascendencia, a la vez que platean la necesidad de un debate reflexivo profundo acerca de sus posibilidades y los límites que permitan conciliar derechos individuales con intereses colectivos. No resulta fácil realizar una delimitación conceptual del dato genético: se hace necesario el recurso a una terminología científica específica que resulta ajena a la que manejamos juristas u operadores jurídicos. Tampoco ayuda a la clarificación el debate suscitado en el seno del grupo de expertos de la UE entre los partidarios de incardinar los *datos genéticos* en la categoría de *datos de salud* y quienes abogan por una protección y regulación diferenciada y específica respecto de estos. El "excepcionalismo genético" o tratamiento diferenciado de los datos genéticos no era la opción acogida por el Comité de Ministros del Consejo de Europa ni posteriormente por el Grupo de Expertos de la Comisión: ¿qué argumentos avalan la consideración especial de los datos genéticos de la persona, que los dotaría de un singular status y nivel reforzado de protección jurídica?

No cabe duda de que nos hallamos ante aquella categoría que incluye los datos más íntimos y sensibles de la persona en cuanto susceptibles de revelar circunstancias únicas, no sólo de su titular, sino de su familia o incluso de comunidades locales. Además, como se ha dicho, la información que arrojan tiene una virtualidad predictiva sobre posibles riesgos para la salud o predisposición del individuo (o su familia) a padecer determinadas enfermedades, de forma que, como sostiene Recuero, "(...)contienen una suerte de probable "diario futuro" de cada individuo que describe, de forma tentativa o aproximada, una parte importante de su porvenir y también de su pasado y de su presente". A juicio, la justificación de su tratamiento jurídico separado está en el carácter único (personalísimo) y estructural (inherente a todo ser humano desde su nacimiento) de dicha información. No debe obviarse un hecho tecnológico acreditado, y es que si bien generalmente la protección jurídica se articula a través de su anonimización, en la práctica difícilmente pueden tales datos anonimizarse por completo, no pudiéndose garantizar de modo absoluto y sin posibilidad de fisuras la absoluta privacidad de estos datos, como tampoco, a la fecha, la capacidad tecnológica de disponer de esta información en tiempo real, como sería deseable.

En el nivel normativo, la discusión entre reforzar o no el nivel de su protección ha quedado zanjada en el RGPD cuando incluye a datos de salud y genéticos dentro de las categorías especiales de datos personales (de especial protección) pero a la vez regula éstos últimos de manera autónoma y diferenciada: el art. 4.13 RGPD los define como aquellos "datos personales relativos a las características genéticas heredadas o adquiridas de una persona física que proporcionen una información única sobre la fisiología o la salud de esa persona, obtenidos en particular del análisis de una muestra biológica de tal persona", en la línea de la Declaración Internacional de la UNESCO sobre los Datos Genéticos Humanos que, en su art. 2 letra i), define datos genéticos como la "*información sobre las características hereditarias de las personas, obtenida por análisis de ácidos nucleicos u otros análisis científicos*".

En el ordenamiento español, la Ley 14/2007, de 3 de julio, de Investigación Biomédica se refiere expresamente en su art. 19 a las investigaciones durante el embarazo y la lactancia, estableciendo las condiciones de autorización de la investigación para casos en los que no se vayan a producir beneficios directos sobre el embrión, el feto o el niño después de su nacimiento.

En lo que se refiere a las personas fallecidas, el art. 26 del Real Decreto 1716/2011 alude a la utilización y obtención de sus muestras biológicas, autorizándose cuando así lo hubieran dispuesto en vida o cuando no hubieran dejado expresa constancia de su oposición: el precepto permite destinar dichas muestras a investigación biomédica previo dictamen favorable del correspondiente Comité de Ética de Investigación. El apartado segundo del citado art. 26 reconoce una facultad que tiene incidencia directa en el ámbito de la protección de datos de carácter personal, pues faculta a las personas vinculadas a la persona fallecida por razones familiares o análogas a dirigirse a los responsables de los tratamientos de datos de la persona fallecida para solicitar su cancelación o, en su defecto, su anonimización.

1.3. Bases jurídicas legitimadoras de los tratamientos de datos de salud y genéticos

Nos hallamos en un ámbito que trata concitar un delicado equilibrio entre los derechos e intereses individuales y las exigencias derivadas de un avance científico cuyo desarrollo y frutos redundan en provecho de la comunidad social y, por ende, en los mismos individuos que la conforman. El ser humano no puede vivir al margen de la comunidad, y particularmente en el ámbito sanitario, más allá de hallarnos protegidos por sistemas de cobertura y financiación pública, la persona, y por ende aquella vertiente de su información socialmente relevante, presenta un marcado componente comunitario, que debe conjugar el derecho a la protección del dato personal (personal e irrenunciable pero no absoluto) con las exigencias que dimanan de imperativos de justicia y de solidaridad colectiva inter y transgeneracional.

El tema es delicado y su complejidad se proyecta a la hora de determinar las bases jurídicas legitimadoras de los tratamientos de datos relativos a la salud y datos genéticos. A nivel comunitario, el esquema del RGPD es el siguiente:

I. Regla general: prohibición de su tratamiento (art. 9.1 RGPD).

II. Excepción: *"Licitud de un tratamiento"* bajo determinadas condiciones. Un tratamiento únicamente será lícito concurriendo al menos una de las condiciones o circunstancias siguientes:

- Cuando el interesado hubiese dado su consentimiento explícito para una o más finalidades específicas (art. 9.2.a);
- Cuando sea necesario para el cumplimiento de obligaciones o ejercicio de derechos del responsable del tratamiento o del interesado en el ámbito laboral, de seguridad social o prevención de riesgos (art. 9.2.b);
- Cuando sea necesario para proteger fines vitales del interesado o de otra persona física, si éstos no estuvieran capacitados física o jurídicamente para aportar su consentimiento (art. 9.2.c). En todo caso, tal y como se infiere del Considerando 46, solo podrá utilizarse esta base "cuando el tratamiento no pueda basarse manifiestamente en una base jurídica diferente"[171];
- Cuando se efectúe por una fundación, asociación u otros organismos sin ánimo de lucro (art. 9.2.d);
- Si el tratamiento se refiere a datos hechos públicos por el propio interesado (art. 9.2.e)[172];

---

171 Se trataría de situaciones de extrema urgencia (estado de necesidad) como emergencias humanitarias, control de epidemias, catástrofes naturales, etc.

172 Se está refiriendo, entre otros, a los supuestos en los que una persona que ostenta un cargo público o es de relieve público difunde voluntariamente aspectos sobre su estado de salud a los medios de comunicación, etc.

- Cuando sea necesario para la formulación o defensa de reclamaciones o por los tribunales en el ejercicio de su función judicial (art. 9.2.f);
- Cuando sea necesario por razones de interés público esencial y sobre la base del Derecho de la Unión o de los Estados miembros (art. 9.2.g);
- Cuando sea necesario para fines de medicina preventiva o laboral (art. 9.2.h).
- Cuando sea necesario por razones de interés público en el ámbito de la salud pública o para garantizar elevados niveles de calidad y seguridad en la asistencia sanitaria y en los productos sanitarios o medicamentos (art. 9.2.i)
- Cuando el tratamiento sea necesario con fines de archivo en interés público, fines de investigación científica o histórica o fines estadísticos y de conformidad con el art. 89 (art. 9.2.j).

En la práctica, lejos de restringir exhaustivamente el tratamiento de datos de salud y datos genéticos,el RGPD viene de hecho a habilitar hasta nada menos que diez cauces o vías legitimadoras. Los enunciados presentan la ventaja de permitir la elección de fundamentos de legitimación *"ad casum"*[173], pero, a la vez, se otorga un margen de discrecionalidad muy amplio a los estados a la hora de concretar el alcance de las excepciones en las respectivas normativas interna de protección de datos.

La investigación científica constituye actualmente el destino de ingentes cantidades de datos relativos a la salud y genéticos debido a la aplicación del "Big Data" o procesamiento masivo de datos en orden al diagnóstico y tratamiento de enfermeda-

---

[173] GARCÍA, R. "El Reglamento General de Protección de Datos y su aplicación en el ámbito sanitario". *I+S: Revista de la Sociedad Española de Informática y* Salud [en línea]. Madrid: Sociedad Informática de la Salud, nº 127, 2018, p. 16.

des, desarrollo de nuevos medicamentos o procesos asistenciales. La aplicación de datos personales de salud a finalidades de investigación médica, incluida la genética, no presenta a priori problema en los casos en que el paciente, titular de los datos, haya prestado su consentimiento para la finalidad específica de la investigación.

Como decimos, se plantea en el ámbito jurídico y ético la necesidad de conciliar dos intereses que, *prima facie*, se manifiestan como contrapuestos o antagónicos: el desarrollo de la investigación científica y biomédica en beneficio de la comunidad, para el que es fundamental disponer de ingentes cantidades de datos, y, por otro, la necesidad de salvaguardar derechos de la personalidad como la protección de los datos de salud (art. 18.4 CE), considerados especialmente sensibles y merecedores de elevados estándares de protección.

En el nivel jurídico, como señala Recuero[174], la cuestión adquiere una nueva dimensión, que añade complejidad, cuando se constata que el valor de los datos para el desarrollo médico o biomédico no se encuentra tanto, o sólo, en los denominados "usos primarios" (finalidades pretendidas del uso de los datos) sino en la utilización de los obtenidos de pacientes o participantes en investigaciones clínicas para finalidades no previstas o pretendidas primigeniamente ("usos secundarios"[175]), inclu-

174 RECUERO LINARES, M. en «La investigación científica con datos personales genéticos y datos relativos a la salud: perspectiva europea ante el desafío globalizado». AEPD. Madrid, 20 de noviembre de 2019. https://www.aepd.es/sites/default/files/2020-02/premio-2019-emilio-aced-accesit-mikel-recuero.pdf

175 El especial valor de los usos secundarios de los datos de salud y la necesidad de su conciliación con las garantías de derechos individuales de la personalidad está generalmente admitido por la doctrina. *Vid.*, entre otros, MARTÍN URANGA, A. "El nuevo Reglamento Europeo de Protección de Datos: una oportunidad para avanzar en la investigación biomédica con las garantías adecuadas para los pacientes". *I+S: Revista de la Sociedad Española de Informática*

so en los usos futuros, de potencial investigador o clínico en el marco del desarrollo científico. En este sentido, se habla de investigación traslacional[176] ("*translational research*") como aquella que pretende aplicar el conocimiento científico para hacerlo útil y aplicable a las necesidades de la población: se trata de "trasladar los hallazgos del laboratorio o la universidad a los hospitales, centros de salud y la medicina clínica" (Castellanos). Con la finalidad de paliar el desajuste entre la investigación biomédica básica, caracterizada por el elevado tiempo en alcanzar resultados tangibles y aplicables para los pacientes y la aplicación clínica ("*bedside*" o cabecera del enfermo)[177] surgen la medicina y la investigación traslacional ("*bench to bedside*")[178].

1.4. Consentimiento informado, anonimización o seudonimización de datos: ¿cuál logra conciliar mejor los intereses implicados?

Las tradicionales soluciones de consentimiento informado y anonimización se revelan actualmente como herramientas

---

y Salud; MIRALLES LÓPEZ, R. "Desvinculando datos personales: seudonimización, desidentificación y anonimización. *I+S: Revista de la Sociedad Española de Informática y Salud* [en línea]. Madrid: Sociedad Informática de la Salud, nº 122, abril 2017. p. 7.

176 DÍAZ-RUBIO GARCÍA ("La investigación traslacional... *ob. cit.* pp.110-111) define investigación básica como "aquella que tiene como finalidad ampliar el conocimiento científico sin perseguir, en principio, ninguna aplicación práctica y que normalmente se desarrolla en centros de investigación y universidades y muy raramente en hospitales o centros de salud".

177 Existen además otros intereses, como los políticos a la hora de justificar el gasto en investigación o el de la opinión pública, que presiona al efecto para traducir los avances de investigación, o el de la opinión pública, en tratamientos, vacunas o herramientas de diagnóstico que mejoren la salud.

178 ÁNGELES CASTELLANOS, M.; ESCOBAR, C. "Medicina traslacional". *Revista de la Facultad de Medicina de la UNAM* [en línea]. UNAM, vol. 59, nº 2, 2016, p. 16.

insuficientes, tanto para el correcto desarrollo de la propia investigación como para la adecuada protección de los derechos y libertades de los individuos[179].

La anonimización debe distinguirse de la seudonimización. Como se desprende de la información disponible en la web de la AEPD[180], una de sus diferencias radica en las garantías que protegen los derechos de los interesados: mientras los datos seudonimizados no está bajo el ámbito de aplicación del RGPD, el conjunto de datos seudonimizados y la información adicional vinculada con dicho conjunto de datos sí lo están. La información anónima es un conjunto de datos que no guarda relación con una persona física identificada o identificable (Considerando 26), en tanto que la seudonimizada no puede atribuirse a un interesado sin utilizar información adicional, requiere que dicha información adicional figure por separado y, además, esté sujeta a medidas técnicas y organizativas que garanticen que los datos personales no se atribuyan a una persona física identificada o identificable (art. 4.5).Transformar un conjunto de datos personales en información anónima o seudonimizada exige realizar un tratamiento sobre dichos datos personales.

El tratamiento de anonimización genera un único y nuevo conjunto de datos, mientras que el de seudonimización genera dos nuevos conjuntos de datos: la información seudonimizada y la información adicional que permite revertir la anonimización. Como se ha dicho, a los datos anonimizados no se le aplica el RGPD, aunque pudiera estar bajo el ámbito de aplicación de otras normas (seguridad nacional, salud pública,

---

179 MOSTERT, M.; BREDENOORD, A. L.; SLOOT, B. & VAN DELDEN, J.M. "From Privacy to Data Protection in the EU: Implications for Big Data Health Research". *European Journal of Health Law [en línea]*. Holanda: Brill, vol. 25, nº 1, p. 44.

180 *Vid.* https://www.aepd.es/es/prensa-y-comunicacion/blog/anonimizacion-y-seudonimizacion

infraestructuras críticas, etc.)[181] De este modo, los datos se considerarán anonimizados en la medida que no exista una probabilidad razonable que cualquier persona pueda identificar a la persona física en el conjunto de datos. Dicha evaluación ha de tener en cuenta los costes, el tiempo requerido para llevar a cabo la reidentificación o los medios tecnológicos necesarios para conseguir la reversión de la anonimización, tanto los actuales como los potenciales teniendo en cuenta los avances tecnológicos (Considerando 26).

El conjunto de datos seudonimizados y la información adicional vinculada con dicho conjunto de datos están bajo el ámbito de aplicación del RGPD, así como el tratamiento que los genera. De ahí que el conjunto de datos seudonimizados esté protegido por cuatro tipos de garantías: en primer lugar, el propio tratamiento de seudonimización que ha de impedir la reidentificación sin disponer de información adicional; en segundo lugar, los principios y garantías del RGPD que establecen limitaciones, entre otras, a las finalidades, el periodo de conservación o la comunicación de los datos seudonimizados; en tercero, las garantías adicionales que incorpore el tratamiento de los datos seudonimizados en función del riesgo para los derechos y libertades de las personas físicas y finalmente, y derivado del anterior, las garantías técnicas y organizativas dispuestas para impedir la materialización de brechas de datos personales, tanto sobre conjunto seudonimizado como de la información adicional.

Sobre el conjunto de datos anonimizados, desde el punto de vista del RGPD, solo se aplica un tipo de garantías: la robus-

---

181 En ese caso, debe tenerse en cuenta que el tratamiento que generan los datos anonimizados sí es un tratamiento de datos personales, que puede considerarse compatible con el fin original del tratamiento de datos personales del que proceden los datos (*Vid.* Dictamen 05/2014 sobre técnicas de anonimización WP246 apartado 2.2.1. Legitimación del proceso de anonimización).

tez del proceso de anonimización contra la posible reidentificación. Una vez el conjunto de datos está anonimizado, desaparece la obligación de implementar los otros tres conjuntos de garantías, desde la normativa de protección de datos. No obstante, seguirán siendo aplicables las que se pudieran derivar de otra normativa (apdo. 2.2.3 del Dictamen 5/2014) y se podrían establecer limitaciones al tratamiento (por ejemplo, mediante condiciones incorporadas en licencias de uso de la información anonimizada).

Los derechos y libertades de los interesados han de estar igualmente protegidos tanto en los tratamientos de anonimización como en los procesos de seudonimización. Teniendo en cuenta que sobre el conjunto de datos anonimizados no será preciso atender a los requisitos establecidos por el RGPD en cuanto a la limitación del tratamiento, la conservación de los datos, las comunicaciones y las transferencias internacionales, o las medidas para proteger la confidencialidad, se han de diseñar y validar los tratamientos de anonimización pensando en la protección de los derechos anteriormente señalados. Lo cual exige poder demostrar un nivel objetivo de calidad en el tratamiento de anonimización y aconseja determinar cómo evoluciona el riesgo de reidentificación a lo largo del tiempo. En cualquier caso, la reversión de la anonimización supone la plena aplicación del RGPD a los sujetos obligados que traten los datos personales.

1.5. El uso secundario del dato de salud: la justificación de la limitación de la finalidad primigenia. Instrumentos de articulación jurídica: consentimiento dinámico o amplio y sistemas híbridos de consentimiento modalizado por el interés público

Los extraordinarios avances tecnológicos en lo que se refiere a la disponibilidad de ingentes cantidades de datos y las nuevas tecnologías de registro y tratamiento (centralizadas o descentralizadas, distribuidas o DLT) están poniendo hoy en cuestión algunos de los principios hasta ahora considerados básicos en esta materia:

- Limitación de la finalidad primigenia del tratamiento

Uno de ellos es el de la limitación de la finalidad, recogido en el art. 5.1.b RGPD, según el cual los datos serán recogidos "con fines determinados, explícitos y legítimos y no serán tratados ulteriormente de manera incompatible con dichos fines".

En el curso de las actuales investigaciones médicas, es frecuente que las conclusiones de proyectos iniciales sienten las bases a nuevas investigaciones relacionadas. Es por ello que se permite el otorgamiento de consentimientos amplios al establecerse que el tratamiento ulterior con fines de investigación científica "no se considerará incompatible con los fines iniciales".

- Transparencia y deber de información

El RGPD exige además (principio de transparencia y deber de información ex arts. 5.1.a y 14.5.b RGPD) que al interesado se le facilite información tanto si los datos se recogen directamente del propio interesado (art. 13) como si no (art. 14): supuesto este último en el que si dicha información fuera imposible, desproporcionada o pudiera obstaculizar el logro de la finalidad pretendida en los tratamientos con fines de investigación científica, se puede dispensar del deber de información en ciertas condiciones y con las necesarias garantías (apartado 5).

- Limitación del plazo de conservación del dato de salud

Otro límite cuestionado es el principio de limitación del plazo de conservación (art. 5.1.e RGPD), que implica que los datos recabados para usos de investigación científica sólo podrán ser mantenidos y tratados por el tiempo estrictamente necesario. No tiene en cuenta el hecho de que, por su propia naturaleza, una investigación se prolonga en el tiempo, siendo imprescindible conservar los resultados, y consiguientemente los datos primigenios, en orden a su verificación científica y posibles ulteriores investigaciones futuras. Es por ello que el RGPD permite expresamente conservar "durante períodos más largos" los datos cuando se traten con fines de investigación científica.

- Minimización en la obtención de datos: adecuación, pertinencia y limitación a los fines del tratamiento

Tampoco resulta de fácil conciliación con las exigencias del desarrollo médico y científico en general[182], y en particular con el ámbito de la investigación genómica, el principio de minimización de datos recogido en el art. 5.1.c RGPD, que exige que se recaben los datos que sean adecuados, pertinentes y limitados a los fines del tratamiento.

- Problema adicional es el relativo a la identificación de responsables y encargados del tratamiento, sobre todo en la investigación médica traslacional, caracterizada por la participación simultánea de multitud de actores, e incluso, pertenecientes a diversas instituciones y/o países; con los consiguientes riesgos para la seguridad de la información

En estos casos (Recuero) la correcta identificación de los responsables y encargados del tratamiento bien podría garantizarse con una correcta evaluación y análisis inicial y con mecanismos de trazabilidad de la información.

Al mismo tiempo, se deben garantizar medidas de seguridad reforzadas y unitarias debido al carácter especialmente sensible que revisten los datos genéticos y de salud.

En definitiva, debe establecerse una correlación entre las finalidades pretendidas, que pueden ser de investigación pura o

---

182 LECUONA, I, "Evaluación de los aspectos metodológicos, éticos, legales y sociales de proyectos de investigación en salud con datos masivos (big data)". *Gaceta Sanitaria* [en línea], Núm. 6, Vol. 32, 2018, p. 577.

aplicada, clínicas o de práctica asistencial al paciente o incluso de estudios clínicos, con cada una de las bases legitimadoras de la utilización de los datos personales de salud que precisan[183].

En el otro lado de la balanza encontramos los derechos e intereses de los titulares de los datos. El consentimiento informado, incluso el consentimiento informado dinámico o amplio, aparece a nuestro entender como la base legitimadora más segura cuando entran en colisión derechos de la personalidad como la protección de datos personales de salud, especialmente sensibles, inherentes al ser humano y dotados de una vertiente familiar y comunitaria innegable cuando se trata de genómica, con las necesidades del avance científico médico, que redundan, a corto pero sobre todo a medio y largo plazo, en beneficios de la comunidad social, ergo de los propios pacientes.

Se trata de una premisa básica para el desarrollo de la medicina personalizada o de precisiòn "Med" la aplicación en un momento dado de un tratamiento o fármaco a un paciente concreto exige como requisito previo el desarrollo de investigaciones de amplio alcance que requieren la disponibilidad

---

183 Surgen interesantes debates en relación con la titularidad de los datos de la investigación o sobre las bases de datos médicas y genéticas y su eventual comercialización y protección jurídica. Entre otros autores que abordan estas cuestiones, CASTILLO PARRILLA, J. A. "Economía digital y dato entendidos como bienes". PASTOR GARCÍA, A. M. (coord.); CASTILLO PARRILLA, J. A. (dir.) *El mercado digital en la Unión Europea*, Madrid: Reus, 2019. pp. 283-305. Puede profundizarse más sobre este asunto en: MINERO ALEJANDRE, G. *La protección jurídica de las bases de datos en el ordenamiento europeo.* Tecnos, 2014. CABIESES, B.; ESPINOZA, M. "La investigación traslacional y su aporte para la toma de decisiones en políticas de salud". *Revista Peruana de Medicina Experimental y Salud Pública*, Lima: Instituto Nacional de Salud, 2011, nº 28, p. 295. BURKE, W; BESKOW, L; TRINIDAD, S; et. al. "Infomed consent in translational Genomic, ob. cit. p. 80. DELVAUX, N.; AERTGEERTS, B.; VAN BUSEL, J.; et. al. "Health Data for Research Through a Nationwide Privacy-Proof System in Belgium: Design and Implementation". *JMIR Medical Informatics [en línea]*. Toronto: JMIR Publications, vol. 6, nº 4 (octubre-diciembre 2018), pp. 220.

de ingentes cantidades de datos personales[184] de pacientes y de personas sanas[185]. De ahí que sea necesario implementar las necesarias garantías y medidas técnicas y organizativas para proteger los derechos y libertades de los interesados[186].

---

184 Como defiende RECUERO, a quien seguimos en este punto, "la actividad investigadora presente y venidera viene exigiendo un procesamiento a gran escala en una doble dimensión. Primero, en cuanto a la cantidad de datos requeridos y tratados para la consecución de resultados novedosos y acordes a los objetivos pretendidos. Segundo, en cuanto a la dimensión geográfica de los propios estudios e investigaciones, que están adquiriendo, sin duda, un cariz supranacional. Ello no viene sino a confirmar la utilidad e incluso, la necesidad, de recurrir al *cloud computing* como solución para almacenar y, sobre todo, acceder a datos de investigación desde distintas partes del mundo. El recurso a estos sistemas, no obstante, implica un evidente aumento de los riesgos inherentes a las actividades de tratamiento. Riesgos que, incluso, pueden acrecerse si se producen transferencias de este tipo de datos a otros países u organizaciones internacionales. Así pues, es preciso contratar, únicamente, con proveedores de confianza absoluta que ofrezcan garantías de cumplimiento normativo. Dicha relación debe ser, asimismo, regularizada y oficializada con el correspondiente contrato (sea de encargo del tratamiento, de cesión, etc.). No obstante, en muchos casos se producirán, además, transferencias internacionales de datos". RECUERO LINARES, M. «La investigación científica con datos personales genéticos y datos relativos a la salud: perspectiva europea ante el desafío globalizado». AEPD. Madrid, 20 de noviembre de 2019. *Vid.* https://www.aepd.es/sites/default/files/2020-02/premio-2019-emilio-aced-accesit-mikel-recuero.pdf

185 NICOLÁS JIMÉNEZ, P. "Investigación biomédica y big data sanitarios". En: TRONCOSO REIGADA, A. (coord.). *Comentarios al Reglamento General de Protección de Datos y a la Ley Orgánica de Protección de Datos de Carácter Personal.* Thomson Reuters, 2019. p. 7. QUINN, P.; QUINN, L. "Big genetic data and its big data protection challenges". *Computer Law & Security Review* [en línea]. Londres: Elsevier, vol. 34, issue 5, p. 1004. BURKE, W.; BESKOW, L.; TRINIDAD, S.; et. al. "Infomed consent in translational Genomics: Insufficient Without Trustworthy Governance". *The Journal of Law, Medicine & Ethics* [en línea]. Boston: American Society of Law, Medicine and Ethics, vol. 46, nº 1, 2018, p. 83.

186 PARRA CALDERÓN, C. L. "Big data en sanidad en España: la oportunidad de una estrategia nacional". *Gaceta Sanitaria* [en línea]. Vol. 30, nº 1, enero-

1.6. Nuevas modalidades de consentimiento informado: el consentimiento dinámico, amplio o "broad consent"

El empleo del consentimiento informado del titular de los datos como base jurídica legitimadora, a priori la más adecuada desde el punto de vista jurídico y también ético, se enfrenta a un problema de viabilidad práctica, especialmente cuando se trata de utilizar los datos para fines secundarios con el uso de tecnologías "big data". Como se ha visto, el RGPD no solo no limita el consentimiento, sino que, además, ofrece una pluralidad de alternativas al mismo que pueden servir para legitimar jurídicamente tratamientos de datos personales con fines de investigación. Los autores sostienen incluso que "el Reglamento ha introducido, en materia de investigación científica, una auténtica excepción al régimen general" (Recuero).

Coexistiendo una pluralidad de bases jurídicas legitimadoras, se debe optar por la más apropiada a cada caso: problema que se acrecienta por la redacción abierta y carente de determinación conceptual y concreción de la norma que permita elegir, de forma flexible pero a la vez sobre bases seguras, en un régimen de excepcionalidad a un principio general de consentimiento que es clave de bóveda del marco normativo regulador de los derechos de la personalidad en sistemas, como el español, que los configuran como derechos que dimanan de dignidad humana. Como señala este autor, "no existe una vía única, sino más bien, diversas alternativas que deberán de ser analizadas y ponderadas al albur de cada tratamiento específico, en atención a sus particulares características y vicisitudes".

En cualquier caso, resulta imprescindible trazar una clara línea de separación entre el consentimiento exigido por la normativa de protección de datos personales y el requerido por los deberes éticos o el Comité de Ética de la Investigación

---

febrero 2017, p. 63.

en cuestión: podría ocurrir que el tratamiento estuviese jurídicamente legitimado en una causa diferente al consentimiento (por ejemplo, en su necesidad para el interés público o para los fines de la investigación) pero que el consentimiento fuera luego requerido[187]. Con carácter general, por consentimiento del interesado debe entenderse, en virtud del art. 4.11 RGPD: "toda manifestación de voluntad libre, específica, informada e inequívoca[188] por la que el interesado acepta, ya sea mediante una declaración o una clara acción afirmativa, el tratamiento de datos personales que le conciernen". Junto a ello, por disposición del principio de responsabilidad proactiva y el art. 7.1 RGPD, el responsable del tratamiento deberá ser capaz de demostrar que el interesado prestó el debido consentimiento. Si se trata del tratamiento de categorías especiales de datos personales –datos relativos a la salud y genéticos– el art. 9.2.a) también exige que el consentimiento sea explícito[189].

---

[187] Ejemplo de ello bien podrían ser el art. 13 de la LIB o los arts. 2.2 y 8 de la LBRAP. Asimismo, en el plano internacional podría mentarse el art. 5 del Convenio de Oviedo. El RGPD dispone, en su Considerando nº 156 que "El tratamiento de datos personales con fines científicos también debe observar otras normas pertinentes, como las relativas a los ensayos clínicos". Separación advertida por el GT29 en sus Directrices sobre el consentimiento en el sentido del Reglamento (UE) 2016/679 (Recuero, ob. cit. p.31.)

[188] PHILLIPS, M.; KNOPPERS, B. M. "Whose Commons? Data Protection as a Legal Limit of Open Science". *The Journal of Law, Medicine & Ethics*, Boston, ASLME, vol. 47, issue 1, p. 109.

[189] Recogido en el art. 8.2.a de la Directiva de Protección de Datos de 1995 e incluso en el art. 16 letra v del Convenio de Oviedo de 1997: interpretado de forma restrictiva, implicaría la necesidad de que el consentimiento y la información previa se prestaran para cada investigación, estudio o proyecto concreto, lo que va en contra del avance médico, por lo que el RGPD en Considerando núm. 33 permite a los interesados prestar consentimiento para determinados ámbitos o áreas de la investigación o para concretos proyectos o partes de estos.

Este "consentimiento amplio" o "broad consent"[190]"permite dotar a esta base jurídica de una mayor flexibilidad a la hora de fundamentar jurídicamente tratamientos de datos personales con fines de investigación, dándose prioridad a los beneficios que, para los individuos y el conjunto de la sociedad, pueden derivarse de tales investigaciones y fines ulteriores no previstos".

En estos términos se ha expresado la AEPD en su Informe 0046/2018 en el que se pronuncia acerca de la incidencia del RGPD en el ámbito de la investigación biomédica: la interpretación abierta permitiría, por ejemplo, que en lugar de prestar el consentimiento únicamente para investigaciones sobre un determinado tipo de cáncer, este pudiera conferirse para una rama más amplia como la investigación oncológica en general. ¿Se garantiza la transparencia en esta forma de consentir? Considérese que pierde el interesado cualquier información sobre el paradero, la ubicación o los destinatarios de sus datos personales y, por ende, el control sobre aquellos. Tampoco convence a investigadores que requieren grandes cantidades de datos obtenidos de distintas fuentes, por su carácter costoso y sobre todo, lento.

El Informe de la AEPD 73667/2018, sobre investigación biomédica considera que el RGPD no implica una alteración del marco normativo vigente en relación con el tratamiento de datos con fines de investigación biomédica, por lo que dichos datos podrían seguir siendo tratados en los términos establecidos en la LIB[191]

---

190 No debe interpretarse dicha disposición en el sentido de permitir al responsable del tratamiento tratar los datos sin especificar los fines. Los fines deben estar siempre especificados, pero se permite que pueda realizarse una descripción más general de aquellos siempre y cuando se busquen otras formas de garantizar la protección de los derechos de los interesado.

191 En su art. 60.2 se dice que "2. El consentimiento específico podrá prever el empleo de la muestra para otras líneas de investigación relacionadas con la

El consentimiento amplio constituye una auténtica excepción al régimen general del propio RGPD en pos del éxito de las investigaciones científicas y biomédicas. Pero no es la única prerrogativa favorable.

El art. 5.1.b) proclama, como principio generalmente aplicable a los tratamientos, el de limitación de la finalidad, en virtud del cual "los datos personales serán recogidos con fines determinados, explícitos y legítimos, y no serán tratados ulteriormente de manera incompatible con dichos fines". Sin embargo, más adelante, el propio art. 5.1.b) proclama una excepción al referido principio, al declararse expresamente que el tratamiento ulterior de los datos con fines de investigación científica "no se considerará incompatible con los fines iniciales"

En realidad, se configura como algo más que una mera excepción: constituye una auténtica base jurídica alternativa para el tratamiento de datos personales genéticos y de salud con fines de investigación científica, tal y como se infiere del Considerando núm. 50 del propio Reglamento. Significa, por tanto, que el responsable del tratamiento no necesitará una base jurídica distinta de la primigenia –fuese o no el consentimiento del interesado– que permitió la obtención de los datos personales si los va a destinar ulteriormente a la investigación científica. Con ello se están legitimando ciertos usos secundarios de los datos de carácter personal, vitales para el desarrollo de las tecnologías *big data* en el ámbito sanitario.

Como contrapartida, el propio art. 5.1.b) exige la adopción de garantías y salvaguarda adecuadas para la protección de los

---

inicialmente propuesta, incluidas las realizadas por terceros" al que s refiere el art. 9.2.j) RGDP.

derechos y libertades de los interesados, de conformidad con el art. 89.1 del RGPD[192].

El recurso al interés público (art. 9.2 letras g y h RGPD) como base legitimadora de los tratamientos no es algo novedoso. La propia DPD permitía a los Estados miembros establecer excepciones por motivos de interés público a la prohibición general del tratamiento de categorías especiales de datos personales. Por consiguiente, en este punto no puede decirse que el RGPD haya supuesto un gran avance pese a legitimar los tratamientos de datos genéticos y de salud necesarios "por razones de un interés público esencial" (art. 9.2.g) y "por razones de interés público en el ámbito de la salud pública" (art. 9.2.h) al no contener un concepto armonizado de "interés público". Es más: no solo no los define ni delimita (sí lo que es "salud pública"[193]), sino que delega expresamente dicha facultad a los estados miembros

Esta posibilidad legitimadora del tratamiento de datos relativos a la salud por razones de interés público no debe dar lugar a que terceros, como empresarios, compañías de seguros o entidades bancarias, utilicen los datos personales para otros

---

192 En la misma línea se pronuncia el Considerando 50 RPDP: "El tratamiento de datos personales con fines distintos de aquellos para los que hayan sido recogidos inicialmente solo debe permitirse cuando sea compatible con los fines de su recogida inicial (...). Las operaciones de tratamiento ulterior con fines de archivo en interés público, fines de investigación científica e histórica o fines estadísticos deben considerarse operaciones de tratamiento lícitas compatibles".

193 Por salud pública debe entenderse todos los elementos relacionados con la salud, concretamente el estado de salud, con inclusión de la morbilidad y la discapacidad, los determinantes que influyen en dicho estado de salud, las necesidades de asistencia sanitaria, los recursos asignados a la asistencia sanitaria, la puesta a disposición de asistencia sanitaria y el acceso universal a ella, así como los gastos y la financiación de la asistencia sanitaria, y las causas de mortalidad.

fines"[194]El art. 9.2 letras g) y h) establece expresamente que la necesidad de dicho tratamiento por razones de interés público se determinará "sobre la base del Derecho de la Unión o de los Estados Miembros", que además serán quienes determinen "las medidas adecuadas y específicas para proteger los intereses y derechos fundamentales del interesado". La determinación y la implementación de estas medidas de salvaguarda resulta de especial trascendencia, dada la importancia de los derechos e intereses en juego. La solución es contraria a la necesaria armonización normativa que es deseable en este ámbito: habrá que consultar la normativa interna de cada estado, que es la que determinará en última instancia el concepto de *interés público* y los tratamientos de datos personales que podrían entenderse comprendidos en aquél.

1.7. La opción del legislador español: la Disposición Adicional 17ª de la LOPDPGDD

El legislador español ha optado, a través de la Ley Orgánica 3/2018, de 5 de diciembre, de Protección de Datos Personales y garantía de los derechos digitales por aunar indistintamente todas las bases jurídicas de legitimación cuyo desarrollo compete a los Estados miembros (letras g, h, i, j del art. 9.2 RGPD) en lo que se refiere al uso de datos médicos y genéticos con fines de investigación científica a través de su extensa Disposición Adicional 17ª. Se unifican así la totalidad de criterios, ga-

194 No existiría problema alguno en emplear la base legitimadora del interés público cuando estemos ante estudios o investigaciones cuya finalidad directa sea la prevención de un riesgo grave para la salud de la población (v. g. supervisión y alerta sanitaria, prevención o control de enfermedades transmisibles y otras amenazas graves para la salud).

rantías, bases y demás vicisitudes sobre el tratamiento de datos genéticos y de salud en una misma y única disposición[195].

La LOPDGDD permite y legitima el tratamiento con fines de investigación en salud pública y biomédica (base jurídica de la letra j del art. 9.2 RGPD). Pero, además, se establece en la letra f) del apartado segundo de la DA17ª el conjunto de condiciones y garantías adecuadas exigidas por el art. 89.1 RGPD, indispensables para el recurso a dicha base de legitimación. Así pues, para poder realizar un tratamiento de datos de salud o genéticos en España haciendo uso de la base del art. 9.2 letra j) del Reglamento (con fines de investigación científica) será necesario:

- Realizar una evaluación de impacto que incluya, específicamente, los riesgos de reidentificación vinculados a la anonimización o seudonimización de los datos en cuestión;

195 A diferencia de nuestro país, Irlanda, junto con la correspondiente norma de protección de datos de carácter personal ha aprobado, también, un instrumento específico para los tratamientos de datos personales de salud con fines de investigación: la "Health Research Regulations (HRR), optando, con ello, por un régimen y unos criterios unificados. Normativa que exige como garantías la aprobación previa de la investigación por parte del Comité de Ética (4.2), el establecimiento de estructuras de gobernanza de los datos o la adopción de medidas técnicas y organizativas que permitan demostrar el cumplimiento de los principios de minimización, seguridad y transparencia (3.11). Además de las garantías referidas, como regla general, la HRR exige contar con el consentimiento (puede ser amplio) del interesado antes de comenzar cualquier investigación. No obstante, se permite a los investigadores excepcionar dicho consentimiento previo mediante un mecanismo (5.5) consistente en una solicitud administrativa dirigida a un órgano creado al efecto, junto con la realización de una evaluación de impacto (5.3), la aprobación del Comité de Ética y la consulta al Delegado de Protección de Datos. Data Protection Act 2018 (Irlanda, nº 7/2018), Health Research Regulations, 2018.

- Aplicar las normas de calidad y directrices internacionales sobre buena práctica clínica ("soft-law", estándares internacionales, ética de la investigación, etc.);
- Adoptar medidas que imposibiliten el acceso a los datos de identificación de los interesados;
- Recabar informe previo preceptivo del Comité de Ética de la Investigación o del Delegado de Protección de Datos;

En segundo lugar, la letra e) del apartado segundo de la DA17ª establece los supuestos en los que podrán establecerse excepciones[196] a los derechos de los interesados previstos en los arts. 15, 16, 18 y 21 RGPD. Ello no es sino una materialización de la remisión a derecho interno realizada por el legislador europeo *ex* art. 89.2 del Reglamento.

Así pues, cuando se traten datos personales con fines de investigación en salud y biomedicina, únicamente podrán excepcionarse tales derechos de los interesados:

- Cuando los mismos se ejerzan directamente ante los investigadores o centros de investigación que empleen datos anonimizados o seudonimizados;
- Cuando el ejercicio de los derechos se refiera a los resultados de la investigación;
- Cuando la investigación tenga por objeto un "interés público esencial" (concepto jurídico indeterminado);
- Cuando se cumplan las condiciones y garantías del art. 89.1 del Reglamento.

---

196 Muchas de ellas determinantes para el tema que nos atañe; v.g.: arts. 9.2.a (prohibición de levantamiento del consentimiento), 9.2.g (interés público esencial), 9.2.i (interés público en el ámbito de la salud pública), 9.2.j (tratamiento necesario para investigación científica), 9.4 (limitaciones al tratamiento de datos genéticos y de salud), 89.2 (excepciones a derechos), etc.

Al margen de los evidentes problemas que se derivan, como decimos, de un régimen no unificado ni armonizado –se había concluido que no era unitario a nivel europeo, pero tampoco lo es a nivel estatal, pues hay remisión a disposiciones sectoriales–, también se ha cuestionado el empleo de una Ley Orgánica como un mecanismo excesivamente rígido para la regulación de un fenómeno tan cambiante como es el tratamiento de datos personales con fines de investigación.

2. LA TECNOLOGÍA BLOCKCHAIN EN LA GESTIÓN DESCENTRALIZADA DE DATOS DE SALUD EN EL NUEVO PARADIGMA DE SALUD DIGITAL: ALGUNAS REFLEXIONES

La pandemia de la Covid19 ha constatado ciertas disfuncionalidades en los tradicionales sistemas de salud carácter centralizado. Si bien la experiencia de descentralización ha sido parcial, en la medida en que los actuales sistemas sanitarios se cimientan sobre marcos regulatorios y de gobernanza de base estatal-nacional, en un modelo centralizado, allá donde se ha implementado la descentralización ha demostrado en general la gestión eficiente y segura de los registros electrónicos del paciente (EHR).

Los ecosistemas de salud presentan características especiales que demandan, además de confidencialidad, garantías de respeto a la privacidad y transparencia de los registros de salud e historias clínicas de pacientes[197] así como un intercambio muy rápido (incluso, en tiempo real) de datos personales, en el marco del paradigma emergente de medicina personali-

---

[197] R. KUMAR, R. TRIPATHI. Traceability of counterfeit medicine supply chain through blockchain. *11th International Conference on Communication Systems & Networks (COMSNETS)*, IEEE, Bengaluru, India (2019), pp. 568-570.

zada, preventivo y holístico, comprendiendo un enfoque del paciente tanto físico como mental, emocional y social. Modelo de que, centrado en las necesidades individuales de cada persona[198], exige elevados niveles de eficiencia y reducción de costes a la par que garantías de seguridad en la protección de los datos personales relativos a la salud[199], auténtica piedra angular del sistema. Los datos de salud adquieren una nueva dimensión, pues el avance médico científico de este modelo de medicina del futuro, requiere del tratamiento con técnicas de "big data", no de miles sino de billones de datos de pacientes y de personas, tanto enfermas como sanas.

Como se ha visto, una de las características de la tecnología blockchain es la inmutabilidad de las transacciones efectuadas en cadenas de bloques. En lo que respecta a los registros sanitarios y las historias clínicas de pacientes, el uso de la criptografía de clave pública exige que cada transacción se firme digitalmente antes de verificarse y codificarse en cada bloque de la red. Esta característica de los "smart contracts" en el ámbito de la Salud Digital, traducida en la imposibilidad de alterar las EHR (registros de bases de pacientes) y PHR (dadas las claves criptográficas y los protocolos de consenso que regulan los registros de datos o historias sanitarias de pacientes) conlleva en la práctica más ventajas y oportunidades que obstáculos. Siempre, eso sí, que se sea consciente de los riesgos y, en su caso, se adopten las correspondientes medidas en orden a evitarlos o, en su caso, minimizarlos.

---

198 Y.-C. HU, T.-T. LEE, D. CHATZOPOULOS, P. HUI. "Analyzing smart contract interactions and contract level state consensus", *Concurr. Comput. Pract.* Exp., 32 (12) (2020), p. 5228.

199 R. KUMAR, R. TRIPATHI. "Traceability of counterfeit medicine supply chain through blockchain". *11th International Conference on Communication Systems & Networks (COMSNETS),* IEEE, Bengaluru, India (2019), pp. 568-570.

Se han publicado ya en el ámbito de la Salud Digital varias aplicaciones de telemedicina basada en Ethereum que logran preservar la integridad de las EHR[200] al almacenar hashes "IPFS" de "EHR" en la red descentralizada. Recientes investigaciones constatan como Etherum permite actualmente monitorizar la salud del paciente "en tiempo real", registrando temporalmente la medicación prescrita y la administrada y tomada por aquél[201].

Incluso se ha llegado a combinar la IA y la tecnología blockchain para asegurar la protección de los datos de salud de los pacientes[202] en los nuevos modelos de E-Health y transferir, de forma rápida y segura, monetario (criptomonedas) a las cuentas de aquellos a modo de "*nudge" o* incentivo para compartir dentro de estas redes "seguras" los datos médico-sanitarios[203], presentes o pasados.

En nuestra opinión, ello conlleva indudables avances pero no está exento de riesgos y plantea algunas cuestiones jurídicas y éticas de calado[204] que deben tenerse en cuenta.

---

200 EHR son las siglas de "Electronic Health Record", el registro electrónico de datos relativos a la salud de un paciente.

201 K.N. GRIGGS, O. OSSIPOVA, C.P. KOHLIOS, A.N. BACCARINI, E.A. HOWSON, T. HAYAJNEH."Healthcare blockchain system using smart contracts for secure automated remote patient monitoring". J. *Med. Syst.*, 42 (7) (2018), p. 130.

202 K.A. COLÓN. "Creating a patient-centered, global, decentralized health system: combining new payment and care delivery models with telemedicine, AI, and Blockchain technology Blockchain in Healthcare Today", 1 (2018), pp. 10-30.

203 T. HEWA, A. BRAEKEN, M. YLIANTTILA, M. LIYANAGE. "Multi-access edge computing and blockchain-based secure telehealth system connected with 5G and IoT". *The 8th IEEE International Conference on Communications and Networking (*IEEE ComNet') (2020).

204 Deberá analizarse en profundidad la licitud y límites del "derecho a saber", ergo del derecho a la información genética del paciente en el marco de su

El sistema guarda cierto paralelismo con la cesión consentida de datos personales como contraprestación no monetaria del disfrute de servicios digitales[205], esquema hoy generalizado de un nuevo modelo de transacción jurídica que aparece ya contemplada y regulada el Reglamento (UE) 2022/2065 de 19 de octubre de 2022 relativo a un mercado único de servicios digitales y por el que se modifica la Directiva 2000/31/CE (Reglamento de Servicios Digitales , más conocido como "Digital Services Act") que, desde el punto de vista jurídico y ético, plantea algunos interrogantes cuando su objeto son los datos personales de salud, especialmente sensibles y merecedores de niveles y mecanismos de protección reforzada.

Debe tenerse en cuenta que este tipo de datos contienen información tan delicada como valiosa y susceptible de ser

---

autonomía sanitaria. La posibilidad de examinar directamente el ADN ha suscitado debates por la posibilidad de discriminación de individuos por los datos obtenidos. A juicio de la autora, los exámenes genéticos son éticamente justificados siempre y cuando respondan a una de las finalidades siguientes: a) diagnóstico y clasificación de una enfermedad o de un problema de origen genético; b) identificación, por razones de planificación familiar, de la existencia de una predisposición hereditaria por una enfermedad o un padecimiento; c) descubrimiento de predisposiciones patológicas hereditarias en un momento en el que aún los síntomas no han aparecido, de manera que complicaciones graves pueden ser atenuadas o incluso evitadas o que el resultado pueda tener una importancia inmediata para el individuo o su planificación familiar; consejos a parejas en lo que concierne a riesgos expuestos para su descendencia en razón de enfermedades o padecimiento de origen hereditario. VIDAL CASERO, M.C. "El Proyecto Genoma Humano. Sus ventajas, sus inconvenientes, y sus problemas éticos", *Bioética Web*, 3 febrero de 2004. https://www.bioeticaweb.com/el-proyecto-genoma-humano-sus-ventajas-sus-inconvenientes-y-sus-problemas-acticos-dra-vidal-casero/#NECESIDAD%20DE%20NUEVAS%20DISPOSICIONES

205 MIRAZ M.H., DONALD D.C. "Atomic cross-chain swaps: development, trajectory and potential of non-monetary digital token swap facilities". *Ann. Emerg. Tecnol. Comput, 3,* 2019. www.myhealthmydata.eu/why-mhmd/

mercantilizada para diversos objetivos, lícitos o ilícitos, de ahí la exigencia de que sean anonimizados o seudonimizados [206]. Piénsese, entre otras posibilidades, en el valor que puede adquirir la información sobre los antecedentes clínicos de un paciente que ha superado un cáncer o, más aún, sus datos genéticos en orden a la contratación de seguros de salud o de vida, la participación en procesos de selección y contratación de personal en empresas y organismos públicos, la adopción de medidas de medicina preventiva laboral o la gestión de subsidios y prestaciones sociales.

El desarrollo de los nuevos modelos de Salud Digital y Telemedicina y la gestión eficiente y segura de los datos personales de salud son objetivos que van de la mano. El registro electrónico de datos relativos a la salud de un paciente (EHR o "Electronic Health Record") incluye el historial médico, el diagnóstico, la medicación y el plan de tratamiento prescrito por el profesional. Contienen información altamente sensible y privada de un paciente, que debe compartirse de forma segura entre centros hospitalarios (públicos y privados, en un nuevo modelo de salud digital que exige interoperabilidad), oficinas de farmacia y autoridades sanitarias para mantener actualizados los datos médicos.

Garantizar la interoperabilidad de los datos de salud con elevados estándares de seguridad y eficiencia supone todo un reto para los sistemas sanitarios en un mundo cada vez más globalizado. Para intercambiar información de forma fluida y transparente es indispensable adoptar estándares sobre los que coincidan todos los sistemas de salud a fin de conectar,

---

[206] Mediante la seudonimización de los datos personales, durante su tratamiento estos no pueden atribuirse a su titular sin utilizar información adicional. Más allá de ello, la anonimización eliminaría la posibilidad de identificar a la persona titular de los mismos, ofreciendo incluso mayores garantías de privacidad.

compartir y utilizar la información de los pacientes en la red hospitalaria de forma más eficiente y con mejores resultados, preservando la seguridad y la confidencialidad.

Pese a la enorme complejidad de este objetivo estratégico, en España[207] los avances recientes son notables.

La Historia Clínica Digital(HCD)[208], por ejemplo, ha posibilitado el acceso controlado a la información del paciente desde cualquier punto asistencial y la llamada "receta electrónica" implica a las CCAA, al igual que los sistemas de "Historia Clínica Electrónica en los servicios de Emergencias Médicas" permiten registrar información en tiempo real y controlar el proceso asistencial de pacientes en Urgencias.

El sistema de "Historia Clínica Digital del Sistema Nacional de Salud" (HCDSNS) permite acceder a determinados documentos clínicos[209], generados en cualquier Servicio de Salud

---

207 Puede consultarse la Estrategia de Salud Digital del Sistema Digital de Salud de España en el siguiente enlace: https://www.sanidad.gob.es/ciudadanos/pdf/Estrategia_de_Salud_Digital_del_SNS.pdf

208 La Historia Clínica Resumida (HCR) es un documento de contenido dinámico, que se genera en tiempo real, a demanda de un profesional o un ciudadano, a partir de contenidos clínicos previamente almacenados en la Historia Clínica Electrónica de un ciudadano en un Servicio de Salud. Cada Comunidad Autónoma, con los datos que almacena, produce un ejemplar de HCR. Contiene los datos considerados más relevantes para una asistencia sanitaria no programada.

209 La HCDSNS contiene página de referencias, que contiene el índice de documentos disponibles, documentos clínicos aportados por los Servicios de Salud, relación de los accesos de profesionales a los documentos del paciente y otros contenidos complementarios: página de inicio informativa, formulario de notificación de incidencias, formulario de reclamaciones sobre los accesos registrados, formulario de respuesta a la encuesta de satisfacción.
En cuanto a la garantía de confidencialidad de los datos de la HCDSNS, su acceso para ciudadanos requiere el uso de DNI electrónico, certificado electrónico emitido por una autoridad de certificaciones de confianza, o claves

del SNS, garantizando que puedan ser consultados[210] cuando los ciudadanos requieran atención sanitaria en sus desplazamientos por el territorio nacional[211].

Los tradicionales sistemas de gestión del consentimiento del paciente están evolucionando hacia nuevos modelos de consentimiento amplio, extenso, dinámico, más adaptados a

---

concertadas como Cl@ve, obtenidas bajo unos criterios de seguridad. En el caso de profesionales sanitarios también requiere autenticación mediante certificado electrónico, el acceso queda restringido a fines exclusivamente asistenciales. Cada ciudadano tiene la posibilidad de ocultar de forma selectiva los informes clínicos que no desea que estén accesibles para profesionales sanitarios a través de HCDSNS. En este caso, los profesionales podrán saber que el ciudadano ha decidido ocultar cierta información. Todos los accesos realizados quedan registrados y pueden ser objeto de auditoría. Cada ciudadano puede conocer los accesos realizados a la información disponible en su HCDSNS y reclamar en caso de accesos que considere no justificados. El almacenamiento de contenidos primarios de la HCDSNS está distribuido territorialmente en los Servicios de Salud del SNS: en los servidores de Historia Clínica Electrónica de su Servicio de Salud; en los servidores de sistemas departamentales (por ejemplo, información de Laboratorio e Imagen).

210 Pueden ser consultados, dependiendo de la Comunidad Autónoma de que se trate, los siguientes tipos de documentos: Historia Clínica Resumida; Informe Clínico de Alta; Informe Clínico de Consulta Externa; Informe Clínico de Urgencias; Informe Clínico de Atención Primaria; Informe de Cuidados de Enfermería; Informe de Resultados de Pruebas de Laboratorio; Informe de Resultados de Pruebas de Imagen e Informe de Resultados de Otras Pruebas Diagnósticas.

211 No ofrece acceso a toda la información de un ciudadano que pudiera estar disponible en los sistemas de información clínicos de cualquier comunidad o ciudad autónoma: el acceso se realiza a través de Internet, en la página Web habilitada por el Servicio de Salud con la Tarjeta Sanitaria Individual (TSI). Para que la información clínica sea accesible, el Servicio de Salud tiene que haber habilitado el perfil de servicio que permite la emisión de documentos clínicos (perfil emisor), mediante los medios electrónicos que ofrezca su Comunidad o Ciudad Autónoma, tal como DNI electrónico, Certificado Electrónico emitido por una autoridad de certificación de confianza, o claves concertadas a través de la plataforma Cl@ve.

los avances científicos. Se constatan en este ámbito algunas deficiencias de los sistemas clásicos: desde el obstáculo que representa el elemento temporal (coste temporal de compartir el EHR con el profesional), el problema de depositar confianza en servidores de terceros que implementan los servicios de gestión del consentimiento del paciente y la necesidad de articular un sistema de supervisión y auditoría con garantías de eficiencia y justicia.

Blockchain podría proporcionar en este sentido un nuevo modelo de confianza algorítmica, en cuanto red descentralizada que no involucra intermediarios y en la que la gestión del consentimiento se halla protegida entre pares de los usuarios y organizaciones participantes[212]. Las características intrínsecas de blockchain[213](su inmutabilidad, trazabilidad y transparencia), facilitan en este ámbito los procesos de auditoría para verificar el cumplimiento de las políticas de gestión del consentimiento informado de los pacientes[214].

Díaz Díaz hace referencia a tres aplicaciones de los contratos inteligentes en el ámbito de los nuevos servicios de salud merced a las características de automaticidad y provisión de seguridad que los singularizan: "*1) Expedientes médicos electrónicos: los contratos proporcionan transferencias y accesos a los historiales médicos tras la aprobación de múltiples firmas entre pacientes y provee-*

---

212 P. GENESTIER, S. ZOUARHI, P. LIMEUX, D. EXCOFFIER, A. PROLA, S. SANDON, J.-M. TEMERSON. "Blockchain for consent management in the ehealth environment: a nugget for privacy and security challenges", *J. Int. Soc. Telemed. eHealth,* 5, 2017.

213 DÍAZ DÍAZ, E. "Una aplicación jurídica del «Blockchain»: los «Smart Contracts»", *Revista Aranzadi de Derecho y Nuevas Tecnologías,* Nº 50, 2019.

214 X. ZHANG, S. POSLAD, Z. Ma. "Block-based access control for blockchain-based electronic medical records (EMRs) query in e health". *IEEE Global Communications Conference (GLOBECOM),* IEEE, Abu Dhabi, United Arab Emirates, 2018, pp. 1-7.

dores; 2) Acceso a los datos sanitarios de la población: se conceden a las organizaciones de investigaciones sanitarias el acceso a determinada información sanitaria personal. A cambio, a través de los contratos, se realizan micropagos automáticamente al paciente para su participación; 3) Seguimiento de la salud personal: se realiza un seguimiento de las acciones relacionadas con la salud de los pacientes a través de dispositivos IoT (Internet of Things) conectados a Internet. Los contratos generan automáticamente las acciones necesarias basadas en hechos específicos, como la concesión de citas o la remisión de medicamentos de receta necesaria directamente desde el depósito farmacéutico".

Dentro de la telemedicina en su modalidad de teleasistencia, en consulta el profesional médico y el paciente se comunican a través de instrumentos tecnológicos como videocámaras y chats, generalmente apoyándose en la transferencia, síncrona o asíncrona, de archivos de imágenes y videos que pueden contener resultados de pruebas médicas diagnósticas (radiografías, ecografías u otras) que ayudan a diagnosticar con precisión el estado de salud de los pacientes.

Frente a las limitaciones inherentes al intercambio de datos de salud en los sistemas actuales, las tecnologías de registro distribuido (DLT) permiten un elevado grado de transparencia de los registros de salud: se posibilita el rastreo del historial médico de un paciente a fin de proponer el tratamiento más adecuado. Ya en un momento ulterior, sería posible realizar auditorías fiables acerca del agente que accedió a determinados datos contenidos en las transacciones verificadas en los registros electrónicos codificados, reforzando la confidencialidad y fiabilidad del sistema.

Otra de las virtualidades de la blockchain en el ámbito del nuevo paradigma de la Salud Digital viene representada por la posibilidad de registrar, de manera inmutable y transparente, las transacciones relativas a la adquisición y al rendimiento de los kits y dispositivos de autodiagnóstico médico (v.gr, desde termómetros digitales hasta pulsioxímetros o aparatos de vanguardia para la toma de tensión arterial, auto-tests de infecciones como los conocidos tests de antígenos, glucómetros, etc.), facilitando de este modo las funciones de diagnóstico de pacientes en el hogar o en entornos no clínicos por parte de los mismos pacientes o sus cuidadores o familiares.

La utilización de estos kits y dispositivos, que evalúan respuestas bioquímicas específicas para el autochequeo y la detección temprana de enfermedades, puede minimizar los elevadísimos costes derivados de la atención médica presencial y directa. En los actuales sistemas centralizados, la necesidad de aunar la seguridad de este tipo de productos (reduciendo posibles riesgos) y la eficiencia (reducción de costes) en la práctica aboca a la adquisición de dispositivos confiables sólo o mayoritariamente de empresas multinacionales u otros fabricantes de prestigio[215].

Blockchain podría reducir significativamente estos costes, y permitir el acceso a estos dispositivos por parte de capas más amplias de la población, registrando de manera inmutable y transparente las transacciones relacionadas con la propiedad y el rendimiento de estos kits de prueba mediante "smart contracts": éstos podrían registrar valoraciones y puntajes reputacionales en función de su demostrado rendimiento[216].

Una de las aplicaciones tecnológicas que ofrece una virtualidad muy destacable en el ámbito de la telemedicina es la de

---

[215] EL-MIEDANY, Y. Telehealth and telemedicine: how the digital era is changing standard health care. Smart Homecare Technol. Telehealth, 4 (2017), pp. 43-51. https://www.dovepress.com/telehealth-and-telemedicine-how-the-digital-era-is-changing-standard-h-peer-reviewed-fulltext-article-SHTT

[216] IHS, Telehealth and Pharma: Creating Opportunities for Remote Drug Delivery and Clinical Trials. *Vid.* https://ihsmarkit.com/research-analysis/telehealth-pharma-creating-opportunities-for-remote-drug-delivery-and-clinical-trials.html, abril, 2020.

los sensores biomédicos de precisión, desarrollados en el marco de lo que se conoce como "IoT"(Internet de las cosas): se trata de dispositivos tecnológicos que facilitan la función de monitorización en remoto de la salud de un paciente: conectados a la blockchain, las potencialidades de la tecnología se multiplican[217],al permitir monitorizar y almacenar datos de salud relacionados con indicadores vitales de la persona, como la presión arterial, temperatura corporal y otros, en servidores de alto rendimiento, con el objetivo de efectuar un seguimiento continuo de la salud de un paciente.

Sin embargo, este tipo de dispositivos de monitorización plantean el inconveniente de poder conducir a errores médicos y ocasionar daños resarcibles, sea por defectuoso funcionamiento del aparato ("*device*"), ya por ausencia o insuficiencia de información relativa a su utilización por el usuario, sea profesional médico o paciente digital, que podría imputarse según los casos, al fabricante o desarrollador del producto o al mismo usuario, profesional o no, que no ha seguido, de forma negligente, las instrucciones facilitadas al efecto. El tema excede de lo expuesto en este trabajo, pero, en cualquier caso, habría que estar a la información facilitada en cada caso concreto y a las circunstancias y características singulares –edad, madurez, nivel cultural, etc.- del paciente.

Incluso pudieran causarse daños morales o patrimoniales indemnizables cuando el error en el diagnóstico médico tiene su origen en la imperícia o error culpable imputable al mismo paciente al hacer un uso imprudente de los dispositivos o aparatos: se plantea así la cuestión relativa a la imputabilidad del

---

[217] KAZMI H.S.Z., NAZEER F., MUBARAK S., HAMEED S., BASHARAT A., JAVAID N. "Monitoreo remoto confiable de pacientes utilizando contratos inteligentes basados en blockchain", en *International Conference on Broadband and Wireless Computing, Communication and Applications*. Salmer; Amberes, Bélgica, 2019, pp. 765 a 776.

daño y su prueba en el caso de ser el defecto imputable al fabricante, la responsabilidad sería objetiva bastando la prueba en este caso del daño y el correspondiente nexo de causalidad).

Estos problemas, en opinión de los expertos, desaparecen cuando blockchain (red descentralizada) hace uso de contratos inteligentes que registran y verifican de forma automática los derechos de acceso de los sensores biomédicos para almacenar el EHR en el libro mayor[218] , pudiendo incluso activar alertas a médicos y centros de salud para atender situaciones de emergencia imprevistas.

Igualmente, la red de bloques está demostrando su utilidad en el proceso de suministro de recetas periódicas de medicamentos en farmacias[219]. A través de la automatización, el "smart contract" ejecuta la prestación de la forma que ha sido codificada en la cadena de bloques siempre y cuando se cumpla el criterio que ha sido predefinido, de forma que desde la oficina de farmacia pueden autenticarse y validarse las recetas que han sido expedidas electrónicamente por el profesional sanitario con mayor eficiencia. Igualmente, se podrá volver a surtirlas según lo prescrito de forma automática, sin los problemas que el sistema genera actualmente debido a los fallos e ineficiencias de un sistema centralizado que involucra a varios intermediarios (médicos, empleados de los centros de salud, de las oficinas de farmacia, etc., distantes y no siempre conectados entre sí).

---

218 N. GRIGGS, O. OSSIPOVA, C.P. KOHLIOS, A.N. BACCARINI, E.A. HOWSON, T. HAYAJNEH. "Healthcare blockchain system using smart contracts for secure automated remote patient monitoring", *J. Med. Syst.*, nº 7, 2018, p. 130.

219 IHS, Telehealth and Pharma: Creating Opportunities for Remote Drug Delivery and Clinical Trials. https://ihsmarkit.com/research-analysis/telehealth-pharma-creating-opportunities-for-remote-drug-delivery-and-clinical-trials.html, abril de 2020.

A través de las funciones "hash", blockchain puede favorecer la transparencia y agilidad del proceso a la vez que ayudar a eliminar posibles errores de prescripción[220] e incluso de alteración de los registros[221].

La tecnología blockchain puede ayudar a las empresas aseguradoras a minimizar los fraudes otorgándoles el acceso al registro médico de un paciente que haya prestado su consentimiento expreso a ello. Hay autores que, como se ha visto, se muestran partidarios de incentivar ("*nutge*") a los pacientes monetariamente (por ejemplo, a través del pago de criptomonedas) a cambio de permitir la utilización de sus datos de salud. No se trata de una hipótesis teórica o de futuro: algunas compañías de seguros ofrecen a la fecha incentivos en términos de tokens de criptomonedas a los titulares de primas para mantener un estilo de vida saludable, pudiéndose incluso verificarse un seguimiento de los entrenamientos en gimnasios y la práctica de actividades deportivas, que pueden ser registradas a través de dispositivos inteligentes conectados al paciente[222].

No hablamos de ciencia ficción sino de realidades en el ámbito sanitario. Organizaciones como *CallHealth, Mediledger* y *Embleema* han desarrollado sistemas basados en blockchain específicos para el ámbito sanitario:

---

220 Y. EL-MIEDANY. "Telehealth and telemedicine: how the digital era is changing standard health care" .*Smart Homecare Technol. Telehealth*, nº 4, 2017, pp. 43-51.

221 "IHS, Telehealth and Pharma: Creating Opportunities for Remote Drug Delivery and Clinical Trials". https://ihsmarkit.com/research-analysis/telehealth-pharma-creating-opportunities-for-remote-drug-delivery-and-clinical-trials.html, 2020.

222 M. RAIKWAR, S. MAZUMDAR, S. RUJ, S.S. GUPTA, A. CHATTOPADHYAY, K.-Y. LAM.
"Blockchain framework for insurance processes", *9th IFIP International Conference on New Technologies, Mobility and Security (NTMS)*, IEEE, Paris, 2018, pp. 1-4.

-"*MedCredits*"[223]es un sistema basado en Ethereum que ayuda a los médicos a diagnosticar pacientes con dermatología utilizando el servicio de telemedicina

-"*Medicalchain*" utiliza las plataformas Ethereum e Hyperledger Fabric para implementar servicios relacionados con la consultoría remota de paciente a médico y las aplicaciones del mercado de datos de salud, facilitando que los pacientes compartan de forma segura estos datos con los profesionales de la salud bajo términos y condiciones específicos. La función de mercado de EHR en esta plataforma permite incluso a los pacientes autorizados negociar en privado los términos y condiciones para el uso de datos de EHR de terceros por parte de los profesionales de salud[224].

-"*Heal Point*" emplea Ethereum para implementar servicios de telemedicina bajo demanda, ayudando a los pacientes a utilizar los servicios de consulta de salud virtual para compartir los síntomas, el historial médico y los signos vitales del paciente con el médico. Los contratos inteligentes basados en Ethereum implementados por HealPoint pueden permitir a los pacientes obtener la segunda opinión utilizando el denominado "algoritmo de Schelling Coin"[225]. Un sistema basado en IA está integrado con *HealPoint* para recomendar los médicos adecuados para tratar los síntomas de salud del paciente: se verifica previamente la identidad y la licencia del profesional médico antes de permitir o rechazar su solicitud de unirse a la red.

---

223 Medcredits: The Fastest Way to a Diagnosis, Anytime, Anywhere, White Paper, MedCredits, Inc., USA, 2018. https://ico-listing.pro/wp-content/uploads/whitepaper/whitepaper_medcredits.pdf

224 FUENTES, L. "Clinicappchain: a low-cost blockchain Hyperledger solution for healthcare". *Blockchain and Applications: International Congress*, vol. 1010, (2019), p. 36.

225 BUTERIN, V., "SchellingCoin: A Minimal-Trust Universal Data Feed", marzo, 2014. https://blog.ethereum.org/,.

-"*My Health My Data*" (MHMD)[226] es una red abierta de información biomédica que ayuda a establecer una conexión entre personas y organizaciones empoderándolos para administrar y controlar sus datos por sí mismos. Del mismo modo se incentiva a clínicas y centros hospitalarios para que pongan a disposición datos anónimos para la investigación abierta. El enfoque basado en blockchain respalda la visión de MHMD al convertirlo en un mercado de información seguro y confiable que ayuda a crear redes que interconectan a ciudadanos, hospitales, centros de investigación y empresas de la UE[227]

-"*Robomed*" es una red de organizaciones clínicas controlada y administrada por smart contracts basados en Ethereum. Su objetivo es proporcionar servicios médicos eficaces a los pacientes (atención basada en valores). *Robomed EHR* permite a las organizaciones de atención médica registrarse, conectarse y administrarse dentro de esta red utilizando contratos inteligentes, cuyas funcionalidades incluyen la monitorización en tiempo real de todas las interacciones con el paciente, la toma de decisiones para el personal médico, el establecimiento de derechos de acceso al personal, la visualización del horario de los especialistas en salud, el análisis del estado de salud de los pacientes a través de gráficos y los servicios de consultoría de salud a través de la telemedicina[228]. El módulo móvil de *Robomed* permite a los pacientes recibir consultas de telemedicina, posponer o cancelar sus visitas, y cumplir con las reglas definidas en el contrato de consentimiento durante el intercambio de EHR con la clínica. Mediante el uso de contratos inteligen-

---

226 *Vid.* www.myhealthmydata.eu

227 My Health My Data, A New Paradigm In Healthcare Data Privacy And Security. http://www.myhealthmydata.eu/ .

228 Robomed Network: Initial Coin Offering, White Paper, Robomed Network, Inc., Rusia, 2017; HANG L., CHOI E., KIM D.-H. Una novedosa gestión de integridad EMR basada en una plataforma blockchain médica en el hospital. *Electrónica.* 2019; 8(4):467.

tes, las organizaciones de *Robomed* pueden monitorear y verificar los resultados de salud del paciente y cumplir con la guía clínica para servicios de salud basados en el valor. RBM (un token de Ethereum) es aceptable para todas las organizaciones de *Robomed* para usarlo como método de pago.

A la vez que constatar estos avances, debemos recordar que Blockchain aún debe alcanzar tecnológicamente un mayor grado de desarrollo a fin de garantizar que no van a producirse hackeos de información, garantizando la seguridad de los datos contenidos en los bloques libres de improbables, pero no imposibles, actos de piratería informática.

Además, debe mejorar en lo que se refiere a la velocidad de las transacciones codificadas en su aplicación a sistemas, como el de salud, que generan una elevadísima cantidad de datos, altamente sensibles y normativamente muy protegidos. Datos de salud que se utilizan de forma colaborativa entre los participantes en el ecosistema sanitario para poder hacer uso de registros e historiales médicos actualizados de modo que se consiga minimizar los errores de diagnóstico, y ello al menor coste[229] posible.

Por otro lado, se constata que aún no se ha desplegado todo el potencial de blockchain: lo cual se debe en parte por la falta de madurez de una tecnología incipiente pero, sobre todo, entendemos, debido a la ausencia de su reconocimiento legal y a la falta de parámetros regulatorios básicos relativos a los estándares de seguridad, privacidad y protección de derechos de las personas derivados de la implementación de esta tecnología.

---

229 En las plataformas blockchain actuales, la gran cantidad de datos de atención médica afecta las tarifas de transacción y el tiempo total de espera de una transacción por confirmar (Ethereum puede gestionar veinte transacciones/segundo).

Capítulo 5.

TRANSACCIONES BLOCKCHAIN EN EL ORDENAMIENTO PRIVADO ESPAÑOL: ALGUNAS CUESTIONES CONTROVERTIDAS

1. AUTORREGULACIÓN *VERSUS* MARCOS REGULATORIOS BÁSICOS DE LAS DLT

Si en el ámbito del Derecho público se habla ya del "Estado algorítmico de Derecho"[230], reclamándose la función de control de los ordenamientos en la supervisión de estos sistemas con el fin de preservar elementales principios de justicia social, equidad y seguridad jurídica, en el campo jurídico privado[231]

---

230 BARRIO ANDRÉS, M. (dir.) Legal Tech. *La transformación digital de la abogacía,* Wolters Kluwer, 2019; *Manual de Derecho digital,* Tirant lo Blanch, 2020; ORTEGA KLEIN, A. "La nueva política sigue la innovación privada en la gestión de lo público: Gobernanza digital: ¿hacia una nueva utopía?", *"Telos: Cuadernos de comunicación e innovación",* n.º 110, 2020. http://www.realinstitutoelcano.org/wps/portal/rielcano_es/contenido?WCM_GLOBAL_CONTEXT=/elcano/elcano_es/zonas_es/ari82-2020-barrio-retos-y-desafios-del-estado-algoritmico-de-derecho

231 El "Estado algorítmico de Derecho" se erige sobre los siguientes elementos tecnológicos nucleares: Internet, *cloud computing,* plataformas digitales para proveer servicios públicos, *Big Data,* automatización de procesos mediante inteligencia artificial, sistemas de publicidad basados en tecnologías *blockchain* y de registro distribuido (DLT por sus siglas en inglés), así como la conectividad ubicua de las redes 5G. Pretende, por tanto, un procesamiento y toma de decisiones en tiempo real, veloz, efectivo y lo más automatizado

se cuestionan algunos efectos de unas transacciones digitales cuyo molde conceptual desdibuja los contornos clásicos de la autonomía de la voluntad (art. 1255 CC), al generar innovadoras estructuras relacionales y complejas dinámicas basadas en la descentralización, trazabilidad e inalterabilidad de las transacciones "*blockchain causa*".

Esta realidad se impone "de facto" a nivel global sin más cortapisa que la inconexa normativa de algunos sistemas jurídicos nacionales, allá donde existe: a nuestro juicio, es necesario un marco regulatorio que ofrezca estabilidad a un sistema que se autodefine como "confiable", preservando la libertad a la vez que la seguridad jurídica de las transacciones realizadas en el entorno de este ecosistema digital.

El debate en el ámbito privado se centra en la virtualidad autorregulatoria que blockchain se arroga y sus repercusiones sobre un principio, el de autonomía negocial, que es clave de bóveda de los ordenamientos jurídico-privados. En este punto, algunos defensores del nuevo paradigma tecnológico invocan una nueva racionalidad (bajo la adjetivación de "inteligente") como coartada de solvencia: lo tecnológico invoca una (in)cierta superioridad regulatoria "natural" en una comunidad social que no es ya comunidad nacional regida por leyes democráticas, sino comunidad global interactuante en la Red. ¿Quién, y con qué argumentos, se atrevería a cuestionar la racionalidad y la seguridad que, se dice, es inherente a la irrefutable certeza que resulta de la aplicación por un programa informático de un logaritmo?

---

posible. Supone una arquitectura coherente con los nuevos tiempos que se sirve de los avances tecnológicos. De este modo, el Estado adquirirá una capacidad de adaptación en un marco temporal más eficiente, acorde con las necesidades del siglo XXI

La nueva sociedad tecnológica pretende, de este modo, basarse en un modelo supuestamente incuestionable en el que "lo racional-tecnológico" es elevado a criterio de optimización de decisiones basado en la eficiencia. Tecnologías disruptivas como blockchain se aplican cada vez a más ámbitos y funcionalidades en tanto reducen costes de transacción: desde luego, son incontestablemente eficientes. Utilidad evidente que no debe cerrar las puertas al cuestionamiento de algunas de sus reglas desde ópticas, como la jurídica, regidas por principios y normas diversos.

Como decíamos en un trabajo anterior, el paradigma del "*homo economicus*" (más aún: el modelo REMM: "*resourceful, evaluative, maximizing man*"[232]de Meckling[233]), el sistema de mercado como modelo de decisión óptima y la eficiencia económica como único valor social parecen prescindir del hombre empírico, ya sea el ciudadano desinformado, el consumidor real o el contratante lego en materia tecnológica[234], confiriendo a estas teorías un tono "cripto-iusnaturalista". Es *justo* lo que es *eficiente* y la racionalidad de un sistema se mide en términos económicos. Consiguientemente, se demanda del ordenamiento jurídico la abstención de intervenir salvo para dotar de

---

232 En palabras de De la Higuera, citando a Mercado Pacheco, si se acepta la mayor, las conclusiones se desprenden sin el menor sobresalto: "*Si la superioridad de la ciencia económica se juzga por su capacidad de generar predicciones sobre la base de una hipótesis de conducta, no hay objeción posible. Desde esa premisa, basta ingresar en un campo con la visión de túnel que provoca el uso de esa simple pero no inocente premisa para que un nuevo mundo aflore* (...)". de la Higuera, L. M.: "Fundamento filosófico de la autonomía de la voluntad", p. 159.

233 Jensen, M. & Meckling,w.h. "The nature of man", *Journal of Applied Corporate Finance*, 1994, V. 7, No. 2, Harvard University Press, pp. 4–19.

234 Mercado Pacheco, P. "El análisis económico del derecho: una reconstrucción teórica", Centro de Estudios Constitucionales, Madrid, 1994, p. 87, con referencia a Blaug, M. "La metodología de la economía", Alianza Editorial, 1985.

fundamentos garantistas al libre juego de fuerzas, salvaguardar los derechos de propiedad y libertad contractual y articular un sistema sanciones y remedios legales (contractuales, extracontractuales) en orden al cumplimiento de las funciones preventiva, reparatoria y de penalización de las injerencias en los derechos ajenos sobre el uso de recursos. Des-regulación jurídica, reducción del papel del Estado corrector de las externalidades negativas y de las asimetrías que el sistema genera, reducción de mecanismos de verificación e intermediación en las transacciones privadas (notarios, intermediarios públicos o privados) y minimización normativa: todo ello se justifica por la reducción de costes pero, sobre todo, por la eficiencia ínsita, se afirma, en un nuevo sistema gobernado tecnológicamente.

Es función del Derecho el proveer de seguridad a estas transacciones (con eficacia jurídica innegable), amparándolas en la medida en que cumplan las elementales exigencias de justicia material v.gr, articulando los mecanismos que garanticen: en caso de asimetría contractual, el cumplimiento de deberes de información previa al contrato, previsión contractual "ex ante" de remedios o cláusulas "self-help", etc. así como, en general, de transparencia y seguridad.

En el terreno jurídico-privado, las transacciones B2B y B2C realizadas por medios telemáticos ganan cada vez más terreno frente a los tradicionales contratos de intercambio de bienes y de prestación de servicios. Dentro de ellas, los "smart contracts" ponen a prueba la actual vigencia del principio de autonomía de la voluntad (art. 1255 CC), al menos en su configuración clásica: libre autodeterminación individual en la decisión de celebrar un contrato (o no hacerlo), con quién hacerlo y de qué modo hacerlo, reglamentando las partes intervinientes el contenido o clausulado de dicho negocio jurídico.

Frente la apuesta por un desarrollo tecnológico regido por sus propias reglas y no sujeto a principios y reglas jurídicas, defendemos la necesidad de articular un marco normativo heterónomo (*ergo* público, regido por reglas democráticas) que garantice la universalidad del sistema en orden a la salvaguarda de los derechos de las personas (algunos irrenunciables) al servicio de cuyos intereses (no de los del mercado) se orienta el Derecho privado.

2. ENCUADRE NORMATIVO: SI SE AJUSTAN, Y CÓMO (EN SU CASO), LOS "SMART CONTRACTS" A LAS CATEGORÍAS CONTRACTUALES CLÁSICAS

Las plataformas blockchain suponen un punto de inflexión en los esquemas clásicos del contrato, concebido bajo principios de libertad negocial: no opera en este modelo el esquema tradicional o clásico de concurrencia de oferta y la aceptación (arts. 1262 CC y 54 CCom) pues, como se ha visto, la inserción de nuevos "bloques" es la que activa y permite que se ejecuten, de manera automática y descentralizada, las cadenas de transacciones, a través de algoritmos matemáticos.

Desencadenándose el presupuesto o condición (el *"if"* o condición en sentido impropio), tiene lugar la ejecución de las prestaciones convenidas, deviniendo imposible la modificación de términos y condiciones previstas.

Si bajo la vigencia del *"pacta sunt servanda"* de los contratos (arts, 1089, 1091, 1256 y 1258 CC) lo pactado obliga, además de por nacer de la voluntad de las partes, por constituir un "signo aparente" en el cual otros han podido fundamentar sus legítimas expectativas y, sobre ellas, sus actos (seguridad jurídica), bajo la blockchain el programa inteligente "activa" (es decir, pone en marcha, o ejecuta) unas condiciones o términos que han sido pre-programados, bastando la aceptación inicial de unos participantes que precisan conocimiento tecnológico del sistema (cualquiera que controle tal tecnología) para que se desencadenen, mediante algoritmos criptográficos, transacciones vinculadas de forma irreversible por orden cronológico.

En el sistema de contratación clásico o convencional el incumplimiento de la prestación de dar, hacer o no hacer a la que se ha obligado una parte contratante, desencadena, no siendo posible el cumplimiento voluntario, la actuación de los mecanismos de cumplimiento o ejecución forzosa (arts. 538 a 570 LEC) o, de no ser posible, la indemnización de los daños y perjuicios irrogados (art. 1101 CC).

Cuando la contratación se articula a través de plataformas descentralizadas que operan sin sujeción a regulación externa decae la razón de ser de categorías jurídicas tales como (buena fe, diligencia debida, cumplimiento e incumplimiento, resolución[235], ejecución forzosa, responsabilidad, alteración de las circunstancias...) en sistemas tecnológicos de ejecución automática en los que técnicamente resulta imposible incumplir.

El carácter autoejecutable del "smart contract" plantea "de facto", como sostiene Argelich, una renuncia a la "*exceptio non adimpleti contractus*"[236] No existe reconocido un supuesto "derecho a incumplir", por lo que, en principio, no habría impedimento legal para pactar un sistema que no nos permita incumplir (en que se renuncie a oponer la excepción por incumplimiento), una vez que la contraparte ha cumplido conforme a parámetros pre-establecidos y libremente convenidos.

En un intento de traslado de categorías jurídicas a estas nuevas transacciones con efectos jurídicos, mencionemos en

---

235 ECHEBARRÍA SÁENZ, M. "Contratos Electrónicos Autoejecutables (Smart Contract) y Pagos con Tecnología Blockchain", *Revista de Estudios Europeos,* N° 70, Monográfico-Economía colaborativa, julio-diciembre, 2017, pp. 69-97.

236 Excepción de contrato no cumplido en los sinalagmáticos, que permite optar por exigir el cumplimiento o incumplir su prestación la parte cumplidora, condición resolutoria implícita ex art. 1124 CC.

primer lugar los elementos esenciales del contrato, necesarios para su validez. En el Derecho español y en todos aquellos en que rige el principio de libertad de forma (art. 1278 CC), la perfección contractual tiene lugar concurriendo el consentimiento, capaz y libre (exento de vicios), de las partes intervinientes; el objeto del contrato (que debe ser cierto, lícito y determinado o determinable) y la causa (en sentido abstracto, distinta del móvil subjetivo) de la obligación que se establezca (art. 1261 CC): ello si se plasma en "formato" tradicional, verbal o documentado por escrito, privado o público en los supuestos del art. 1280 CC, incluso con carácter esencial o "ad solemnitatem" en algunos (pocos) supuestos legalmente previstos (v.gr, capitulaciones matrimoniales, donaciones de inmuebles, etc. ...),

Pero también si lo es en formato digital, dado el principio de equivalencia funcional[237] entre los medios de expresión físicos y

---

237 Según este principio, aquella tecnología que permita cumplir las mismas funciones, en las redes, que una determinada institución jurídica, debe recibir los mismos efectos. Se considera importante la función que cumple, y no el medio que se emplee en aras a ser válido como documento contractual. Ya la Ley Modelo de Comercio Electrónico de la Comisión de las Naciones Unidas para la Codificación del Derecho Mercantil Internacional recoge la noción de documento escrito, en su art. 6.1, diciendo que "*cuando la ley requiera que la información conste por escrito, ese requisito quedará satisfecho con un mensaje de datos, si la información que contiene éste es accesible para su ulterior consulta*". Así, puede entenderse el mensaje de datos por su definición contenida en la misma Ley como "*la información generada, enviada, recibida o archivada o comunicada por medios electrónicos, ópticos o similares, como pudieran ser, entre otros, el intercambio electrónico de datos (EDI), el correo electrónico, el telegrama, el télex o telefax*".
Como excepciones a este principio regulado en la LSSICE: a) La equivalencia se da sólo respecto del documento escrito o declaración oral privados, ya que no llega al documento solemne, público o notarial salvo disposición nacional específica (que no existe); b) La equivalencia no es un impedimento para que la legislación nacional regule casos en los que no sea sostenible, pues está habilitada la exclusión del sometimiento determinados documentos

los digitales consagrado[238] en el art. 23 [239]de la Ley 34/2002, de 11 de julio, de Servicios de la Sociedad de la Información y de Comercio Electrónico, y en los arts. 3, nº 6, 7 y 8 de la Ley 59/2003 de Firma Electrónica. Al menos cuando el contrato es concertado entre particulares en una relación de simetría negocial.

Si se trata de contratos celebrados con consumidores, la actual regulación en la mayoría de los ordenamientos exige que el contrato se formalice con respeto escrupuloso a las exigencias de información precontractual y contractual, redactada de forma clara

---

y firmas; c) El soporte electrónico de una declaración viciada no produce el saneamiento de la misma, al igual que el papel escrito y, d) Principio de inalteración del derecho preexistente de obligaciones y contratos privados. La contratación electrónica es un nuevo soporte y medio de transmisión de voluntades negociales pero no un nuevo derecho regulador de las mismas, es decir, el objetivo es adaptar las nuevas normas a los aspectos electrónicos de las relaciones negociales sin alterar el derecho aplicable a dichas relaciones con independencia del soporte mediante el cual son contraídas.

Muy relacionado con éste, el principio de neutralidad tecnológica establece que las normas jurídicas que regulen o modifiquen las instituciones jurídicas tradicionales, para dar cabida a sus homólogas electrónicas o telemáticas, deben ser neutrales desde un punto de vista tecnológico. Regulaciones no neutrales serían negativas para el desarrollo del mercado, al expulsar del mismo a las tecnologías no reconocidas por la regulación jurídica. En definitiva, en un escenario de evolución constante, se pretende abarcar no sólo la tecnología existente en el momento en que se formula, sino también las tecnologías futuras, sin necesidad de tener que modificarla en un horizonte cronológico razonable.

238 Ley Modelo sobre Comercio Eletrónico de la CDUNMI

239 El art. 23 LSSICE ("*Validez y eficacia de los contratos celebrados por vía electrónica)* establece que "*1. Los contratos celebrados por vía electrónica producirán todos los efectos previstos por el ordenamiento jurídico, cuando concurran el consentimiento y los demás requisitos necesarios para su validez. Los contratos electrónicos se regirán por lo dispuesto en este Título, por los Códigos Civil y de Comercio y por las restantes normas civiles o mercantiles sobre contratos, en especial, las normas de protección de los consumidores y usuarios y de ordenación de la actividad comercial*".

y comprensible " la información relevante, veraz y suficiente sobre las principales características del contrato, en particular sobre sus condiciones jurídicas y económicas, y estableciéndose, sin perjuicio de la normativa sectorial que en su caso resulte aplicable, los términos y formato en la que deba ser suministrada esta información, principalmente cuando se trate de personas consumidoras vulnerables, para garantizar su adecuada comprensión y que les permita la toma de decisiones óptimas para sus intereses, según la modificación del apdo. 1 del art.60 de la Ley 4/2022, de 25 de febrero, de protección de los consumidores y usuarios frente a situaciones de vulnerabilidad social y económica.

Podría, como afirma Echebarría[240], simultanearse ambos formatos: el convencional o clásico (por ejemplo, documentación escrita) y el digital a través de blockchain (autoejecutable). Si se llegase a duplicar la formalización en ambos "formatos", contrato tradicional y "smart contract", en caso de discrepancia entre el *script* (programa de ejecución o lenguaje encriptado) y los términos pactados en "lenguaje humano", deberá prevalecer éste, por coincidir con la manifestación de voluntad tal y como se reconoce en la mayoría de ordenamientos jurídico-civiles (art. 1261 CC).

En cuanto al momento de otorgamiento del consentimiento, lugar de celebración, ley aplicable, etc., un "smart contract" o contrato autoejecutable no puede sino regirse, en la actualidad, por las reglas generales aplicables a los contratos celebrados por vía electrónica: en defecto de pacto o de foro imperativo a causa de la protección del consumidor, se entenderá concertado conforme a las reglas de los arts. 1262 CC y art. 50 Cco., en el domicilio del oferente, seguirá la regla del art. 54 CCo en lo referente el momento de la perfección, las reglas

240 ECHEBARRÍA SÁENZ, M. "Contratos Electrónicos Autoejecutables (Smart Contract) y Pagos con Tecnología Blockchain", *Revista de Estudios Europeos,* N° 70, julio-diciembre, 2017, pp. 69-97.

contenidas en los arts. 333 y 334 CCo en lo que respecta al sistema de transmisión de riesgos y lo dispuesto en el art. 3 del Reglamento Roma I en lo tocante a ley aplicable y Bruselas I y Bruselas I bis a efectos de fijación de jurisdicción en los supuestos con presencial de elemento de conexión internacional[241].

---

241 El Reglamento (CE) n. 593/2008 del Parlamento Europeo y del Consejo de 17 de junio de 2008 sobre ley aplicable a las obligaciones contractuales consagra la autonomía de la voluntad como primera opción: no existiendo pacto, el art. 4 b señala la ley del Estado de residencia habitual del prestador de servicio aunque el reglamento admite cláusulas de escape por existencia de vínculos más cercanos con el caso, y aquí en especial la opción del consumidor por acogerse a la normativa tutelar propia. En materia de compraventa, sin embargo, en defecto de pacto (art. 3), caben diversas posibilidades según se entienda que es una compraventa general (art. 4); ley del Estado del vendedor, un contrato de distribución; ley de residencia habitual del distribuidor, o venta mediante subasta; ley del prestador del servicio de subastas. Si es compraventa de servicios financieros se aplicará la ley del Estado del mercado (art. 4.1.h). En los supuestos de carácter mixto se aplicará la ley del Estado de residencia habitual de quien deba realizar la prestación característica del contrato (art. 4.2) pero siempre existirá cláusula de escape (art. 4.3) si el contrato presenta vínculos más estrechos con un ordenamiento distinto. En materia de compraventa sin embargo, Bruselas I Bis consagra el principio de "fortaleza europea" que protege a los domiciliados en la UE frente a demandas del exterior, protegiendo de la ejecución de sentencias extranjeras y permitiendo la demandar en la UE a domiciliados extranjeros o la aplicación de foro exorbitantes, mientras que si resulta aplicable la Convención de Viena de 1980, esta resulta de aplicación prioritaria sobre las normas conflictuales anteriores. *Vid.* CALVO CARAVACA, A./CARRASCOSA GONZÁLEZ, J. "Problemas de extraterritorialidad en la contratación electrónica" en ECHEBARRÍA SÁENZ, J. (Dir.) "El comercio electrónico", pp. 145-217. VICENTE BLANCO, D.J. "Problemas de jurisdicción competente y ley aplicable en los mercados electrónicos" en VELASCO, ECHEBARRÍA, HERRERO (Dir.) "Acuerdos horizontales, mercados electrónicos y otras cuestiones actuales de competencia y distribución", Valladolid, Lex Nova Thomsom-Reuters, 2014, págs. 644-666. y "Medios electrónicos de pago y jurisdicción competente en supuesto de contratos transfronterizos en Europa", en MATA MARTÍN, R./JAVATO MARTÍN, A. "Los medios electrónicos de pago", pp. 270-319, citados por ECHEBARRÍA SÁENZ, M. "Contratos Electronicos Autoejecutables (Smart Contract) y Pagos con Tecnología Blockchain", *Revista de Estudios Europeos,* N° 70, julio-diciembre, 2017, pp. 69-97.

Los "smart contracts" no se ajustan, como vemos, a categorías jurídicas clásicas, por lo que arrojan no pocos interrogantes relativos a su encaje en los actuales marcos regulatorios nacionales. Daremos cuenta en los siguientes epígrafes de algunas de las cuestiones que plantean mayor controversia en el ámbito jurídico-privado desde el punto de vista sustantivo: las cuestiones procesales, y en particular las concernientes a la prueba, analizadas por la doctrina procesalista, exceden del objeto de este trabajo[242].

3. DETERMINACIÓN DE LA LEY APLICABLE

En una primera formulación de sus teorías, SZABO y HYMAN[243] afirmaban la innecesariedad de someter los "smart contracts" a jurisdicción nacional alguna, por ser inherente a este tipo de transacciones su actuación en redes descentralizadas, rebasando sus límites las fronteras nacionales y supranacionales en una realidad digital global.

Pese a las mencionadas características de este sistema de contratación que sustituye la "fides" convencional por una confianza cuasi-ciega en la fiabilidad algorítmica, los "smart contracts" no son inmunes al surgimiento de posibles conflictos en el marco de su aplicación. Si bien muy raramente, se ha demostrado que pueden sobrevenir en la ejecución de este tipo de acuerdos errores de programación, quiebras o fallos técnicos o incluso conductas desleales o fraudulentas de algún

---

242 Vid. en este sentido BADIOLA COLA, S. "La prueba de los hechos acaecidos en el entorno de la tecnología blockchain como medio de prueba en el proceso civil español" en Valpuesta Gastaminza, E. (dir.) Hernández Peña, J.C. (dir.) Blockchain: aspectos jurídicos de su utilización, Wolters Kluwer, 2022, pp.283-315.

243 HYMAN (2017), pp. 13-17.

agente que, aprovechándose de las "grietas" del sistema, pueda desencadenar daños de forma individual o colectiva.

Es por ello que debe jurídicamente plantearse la cuestión relativa a la determinación de la ley y la jurisdicción aplicable a los conflictos que pudieran originarse al amparo de un sistema descentralizado que opera en una red global en la que, "prima facie", carece de relevancia la procedencia de los agentes ("nodos") que introducen la información criptográfica que configura la red.

Es este un tema que se ha planteado y generado cierto debate en jurisdicciones tecnológicamente avanzadas hasta el punto de que algunos sistemas judiciales se hallan ya formando a jueces y funcionarios en resolución de disputas relacionadas con "smart contracts". Es el caso de China: el gigante asiático se sitúa a la vanguardia de una tecnología digital que aparece mencionada en su último código civil[244], acepta la tecnología blockchain como evidencia en los juzgados y tribunales[245] y el personal de justicia recibe formación sobre este nuevo ecosistema digital[246]. El Tribunal Popular Supremo ha dictado normas

---

244 *Vid.* Civil Code of the People's Republic of Chin (中华人民共和国民法典), de 28 de mayo de 2020, en vigor desde el 1 de enero de 2020. En el Cap. XX ("Contratos tecnológicos") del Libro III, relativo a los "Contratos" , establece una prolija regulación de estos negocios, concebidos en un sentido muy amplio. 民法典英文版 (npc.gov.cn) https://english.www.gov.cn/archive/lawsregulations/202012/31/content_WS5fedad98c6d0f72576943005.html

245 *Vid.* https://www.scmp.com/tech/article/2163487/china-accepts-blockchain-veri fication-evidence-courtroom

246 China ha establecido que los registros de blockchain sean admitidos en los tribunales a medida que las autoridades intensifican las medidas para manejar las disputas legales relacionadas con Internet. Se estableció un primer tribunal de Internet en el centro de comercio electrónico de Hangzhou en agosto de 2017, que hasta el momento ha manejado más de 10.000 disputas relacionadas con Internet, desde préstamos hasta difamación y nombres de dominio. Aunque los tribunales tradicionalmente dependen de organizacio-

que aclaran los procedimientos para que los tribunales recién formados se especialicen en casos relacionados con Internet[247].

Por las características inherentes al ecosistema blockchain, la naturaleza misma y las características de los "smart contract" (descentralización, irrelevancia de la ubicación física de los agentes que operan en la red digital) impiden "de facto" a un juez o tribunal arrogarse la competencia para conocer de los conflictos jurídicos surgidos en el marco de un "smart contract".

Estados como Bielorrusia[248] han optado a estos efectos por regular este tipo de transacciones en su legislación nacional: los "smart contracts" no sólo reciben reconocimiento legal explícito sino un tratamiento fiscal favorable representada por la exención del impuesto sobre la renta a los contribuyentes registrados como operadores de Blockchain, estando exentos de este tributo los beneficios obtenidos por los "miners" por verificar los bloques en la red.

---

nes de notarios para autenticar pruebas, blockchain como un nuevo método de verificación de pruebas se presenta como un sistema «seguro, eficiente, conveniente y de bajo costo». Todos los abogados con sede en Beijing pueden ingresar al área de trabajo de la corte escaneándose el rostro. Los litigantes pueden responder un par de preguntas en una máquina, que automáticamente presentará una queja legal por ellas. Durante las audiencias, un sistema de reconocimiento de voz reemplazará a los empleados humanos para mantener registros judiciales. A partir de marzo de 2023, todos los documentos entregados electrónicamente por más de 3,500 tribunales en toda China se pueden verificar en línea en la Plataforma Blockchain Judicial basada en Internet (互联网司法区块链平台, Vid. https://sfl.court.gov.cn.

247 *Vid.* https://es.chinajusticeobserver.com/law/x/online-litigation-rules-for-people-s-courts-20210616

248 www.fin-tech.es/2017/12/bielorrusia-legaliza-las-criptomonedas-ico-contratos-inteligentes.html

Dentro de los Estados Unidos de América, Arizona[249] y Nevada[250] han sido los dos primeros estados en reconocer la existencia y validez de los "smart contracts", pudiendo ser presentados válidamente como elemento de prueba (evidencia) ante los tribunales de justicia.

En el ámbito de la UE, el Reglamento UE 910/2014 del Parlamento Europeo y del Consejo, de 23 de julio de 2014, relativo a la identificación electrónica y los servicios de confianza para las transacciones electrónicas en el mercado interior(Reglamento eIDAS) regula la identificación electrónica estableciendo pautas para los servicios de confianza relativos a las transacciones electrónicas comunes a todos los estados miembros.

En el ordenamiento español, el Título IV de la Ley 34/2002, de 11 de julio, de Servicios de la Sociedad de la información y de comercio electrónico se refiere, en los arts. 23 y siguientes, a la validez y eficacia de los contratos celebrados por vía electrónica, los cuales "(...) *producirán todos los efectos previstos por el ordenamiento jurídico, cuando concurran el consentimiento y los demás requisitos necesarios para su validez*" (núm. 1). Los contratos electrónicos se regirán por lo dispuesto en esta ley, por los Códigos Civil y de Comercio y por las restantes normas civiles o mercantiles sobre contratos, en especial, las normas de protección de los consumidores y usuarios y de ordenación de la actividad comercial. Esta normativa ofrece solución a las cuestiones que plantean los contratos celebrados "por vía electrónica", pero no contempla de forma singular los inherentes a las transacciones blockchain, en un contexto global de incremento exponencial de dichas transacciones, con los efectos expuestos.

---

249 www.azleg.gov/legtext/53leg/1r/bills/hb2417p.pdf

250 www.leg.state.nv.us/Session/79th2017/BDR/ BDR79_59-0158.pdf

4. PERFECCIÓN

4.1. Acuerdo de voluntades en la blockchain: cuestiones jurídicas

Si se considera que los "smart contracts" no son en sentido estricto contratos sino meros sistemas de ejecución automática descentralizada de una o varias de las condiciones de un contrato-base, no se suscita problema alguno sobre el momento y modo de perfeccionarse las transacciones de base tecnológica, que se regirán por el marco normativo vigente regulador de las obligaciones y (mediante criptografía de doble clave o clave asimétrica) contratos y, en su caso, la legislación de protección de consumidores si subyace una relación de consumo.

Ello implica desdoblar conceptualmente dos fases o etapas: la de activación de los bloques que contienen la información codificada y su posterior ejecución o despliegue de eficacia (automática y descentralizada).

El contrato-marco en que se fundamenta desplegará efectos, indudablemente contractuales, cuando concurran la oferta y la aceptación de las partes con los elementos y requisitos esenciales que prevé el ordenamiento jurídico para considerar que se ha prestado un consentimiento capaz y libre sobre un objeto y con una causa lícita.

Aún en este caso, nos hallamos ante una categoría de transacciones económicas de base digital y efectos jurídicos que, por razones de funcionalidad práctica (necesidad de dotar a estos negocios de un régimen normativo y consiguiente seguridad jurídica), arrojan ciertas cuestiones atinentes a su perfección.

En un "smart contract", activada por un agente la "voluntad" de satisfacer un interés a través de una transacción o acuerdo[251],

---

[251] El término "transacción" no equivale tampoco al contrato con el nombre de transacción o compromiso, sino de una forma más amplia a cualquier

en el sentido expuesto, se desencadenan de forma automática los denominados "bloques" o cadenas de transacciones, que verifican, a través de algoritmos[252] el cumplimiento de las condiciones previstas *"ex ante"* en el "acuerdo marco de contratación" (éste sí, regido por las reglas generales). De esta forma, desencadenándose el presupuesto o condición (*"if")*, se ejecutan de forma automática las prestaciones convenidas (el *"then"*), deviniendo imposible la comprobación de unos "términos contractuales" contenidos en cada uno de los bloques, que se encuentran cifrados y encriptados en lenguaje de programación (no fácilmente accesibles al lego) y para cuya ejecución no hay intermediarios.

Como en cualquier contrato, la perfección tiene lugar cuando concurren el consentimiento de las partes sobre la oferta y su aceptación, debiendo diferenciarse entre la perfección y la consumación del contrato, pues *"la primera se produce cuando se dan los elementos esenciales, los cuales son el consentimiento por la concurrencia de oferta y aceptación, objeto y causa y es el nacimiento*

---

operación en la plataforma desencadenante de efectos vinculantes.

252 Algoritmo es un conjunto ordenado y finito de operaciones simples a través del cual podemos hallar la solución a un problema. Los algoritmos nos permiten ejecutar una acción o resolver un problema mediante una serie de instrucciones definidas, ordenadas y finitas. Así, dado un estado inicial y una entrada, y siguiendo los sucesivos pasos indicados, se llega al estado final y se obtiene una solución. Todo algoritmo debe cumplir con características básicas: tienen inicio y fin: todo algoritmo comienza en un estado inicial con una serie de datos específicos, y culmina con una solución o salida; funcionan en secuencia: un algoritmo está compuesto por una serie de pasos ordenados; las secuencias son concretas: cada paso es claro y no deja lugar a la ambigüedad; los algoritmos son abstractos: son modelos o guías para ordenar procesos; la cantidad de pasos de un algoritmo es finita.

del contrato a la vida jurídica constituyéndose las obligaciones[253]*. La segunda es el cumplimiento de éstas"*[254].

Como ha puesto de relieve la doctrina, gran parte de conceptos de la normativa sobre comercio electrónico se inspiran en las directrices de CNUDMI o UNCITRAL, que abordan la creación en el tráfico internacional de nuevos instrumentos basados en los principios de "no discriminación" (no se negará valor legal a los documentos por el mero hecho de tener un formato electrónico, presunción de legalidad para la forma electrónica), "neutralidad tecnológica" (que persigue eludir la obsolescencia en la redacción de las normas, propiciando una inmediata aplicación tras los avances tecnológicos) y "equivalencia funcional".

El "principio de equivalencia funcional" suscita ciertos problemas cuando se traslada a este ámbito: los denominados contratos inteligentes cumplen en sentido amplio el requisito de la escritura de un código informático, son originales y deben ser firmados (mediante firmas electrónicas con criptografía de clave asimétrica). Ahora bien, la normativa UNCITRAL se cumplirá en la medida en que el método de firma electrónica que se utilice sea auténticamente identificativo de los intervinientes o partes de la transacción negocial de que se trate. La utilización de la criptografía de clave asimétrica (asignación de claves pública y privada) sólo permitirá tal identificación cuando, antes de la asignación, se haya identificado al receptor y usuario de dichas claves (en

---

253 El TS en su Sentencia de 8 de febrero de 2021 define la perfección cono la *"simple concurrencia del consentimiento, de la coincidencia de las dos declaraciones de voluntad, recíprocas y sucesivas, que generan el acto jurídico bilateral, existencia de consentimiento que implica una cuestión de hecho y como tal sometida a la apreciación del juzgador a quo"*.

254 FAUS, M. *Práctico. Obligaciones y Contratos. Perfección del contrato. Oferta y aceptación,* 2022.Vid. STS (Sala Primera) de 7 de octubre de 2005.

este sentido, Anguiano); no así en otro caso, al no poderse garantizar la suscripción del contrato por quienes intervienen como partes en la transacción.

¿Code is Law?: No faltan entusiastas que entienden que los contratos inteligentes tienen el potencial de desplazar a los sistemas legales de su esencial misión de hacer cumplir lo contractualmente acordado (Lessing). Defienden que los programadores trasladan a los usuarios del software formas de actuar, así como reglas que sustituyen a la ley, concebida en sentido amplio como norma nacida del poder estatal (o sub-regional), supranacional o internacional. Las actuales disrupciones tecnológicas están llevando a cuestionar el desplazamiento del derecho contractual por estas nuevas tecnologías que, se dice, no precisan de la ley que nace de autoridades centralizadas, elegidas democráticamente, pero que se ha demostrado carecen de capacidad para adaptarse a entornos técnicos y cambiantes como los nuevos ecosistemas tecnológicos.

4.2. ¿Activación o perfección del smart contract?: encuadre en el Derecho español

En el ordenamiento español, se entiende que un contrato es perfecto desde el momento en que existe y obliga a las partes (salvo que se haya estipulado término o condición que aplace o suspenda sus efectos). Los contratos consensuales, que son regla general, se perfeccionan por el mero consentimiento que se manifiesta, como sabemos, "por el concurso de la oferta y de la aceptación sobre la cosa y la causa que han de constituir el contrato" (art 1262.I CC). Se requieren de este modo dos declaraciones de voluntad: oferta y aceptación.

La oferta es una declaración de voluntad con intención de obligarse dirigida por una persona a otra u otras, proponiéndoles la celebración de un contrato, que debe contener todos los elementos esenciales del mismo, de modo que, concurriendo la aceptación, el negocio queda concluido. A estos efectos debe distinguirse entre la oferta y la simple invitación o propuesta de negociación ("invitatio ad offerendum", que es una mera llamada a negociar, cuya contestación no perfecciona el contrato: vid. eneste srentido la STS de 12 de julio de 2011). Salvo en contratos celebrados con consumidores, con carácter general la oferta no es vinculante.

La aceptación es una declaración de voluntad por la que el destinatario de la oferta manifiesta su conformidad, en todos sus extremos y siempre que todavía esté vigente, momento en el que se perfecciona el contrato celebrado entre personas presentes (entre otras, STS 14 febrero 2008).La aceptación puede ser realizada de manera expresa o tácita, es decir, a través de hechos concluyentes de los que claramente se derive la voluntad de aceptarla (v.gr, pago del precio). Ahora bien, como indica la jurisprudencia, el mero conocimiento no implica conformidad "ni basta el mero silencio para entender que se produjo la aquiescencia", a pesar de lo cual "el silencio puede entenderse como aceptación cuando se haya tenido la oportunidad de hablar (...) y se deba hablar" (...) existiendo tal deber de hablar, cuando haya entre las partes relaciones de negocios que así lo exijan" (STS 10 junio 2005), o "cuando lo natural y normal, según los usos generales del tráfico y en aras de la buena fe, es que se exprese el disentimiento, si no se deseaba aprobar la propuesta de la contraparte" (SSTS 17 noviembre 1995, 29 febrero 2000, 9 junio 2004 y 10 junio 2005).

En el ámbito del Derecho de Consumo, el art. 101 TRLGDCU dispone, por el contrario, que "En ningún caso la falta de respuesta a la oferta de contratación a distancia podrá considerarse como aceptación de ésta" (STS 26 enero 2017). En el contrato celebrado entre personas ausentes (por carta o fax) no existe una manifestación simultánea de la oferta y de la aceptación, por lo que los códigos han resuelto, de una u otra forma, la determinación del instante en que se perfecciona.

En un "smart contract" que, en sentido estricto, es cosa distinta de un contrato electrónico, se plantea cuándo o en qué sentido puede afirmarse que se ha producido tal concurrencia entre oferta y aceptación[255]. Los contratos celebrados por Internet se perfeccionan desde que se manifiesta la aceptación (art. 1262.II CC), que puede ser también tácita: así lo establece la STS de 1 octubre de 2019 respecto de un correo electrónico dirigido por una entidad bancaria a un abogado que no contesta a una notificación comunicándole una modificación en el sistema de fijación de sus honorarios[256]. Para estos contratos a distancia deben tenerse en cuenta los instrumentos de protección previstos en los arts. 92 y ss. TRLGDCU en favor de los consumidores y usuarios: entre otras, oposición a la recepción de ofertas comerciales no deseadas (art. 96), deberes de información precontractual del empresario (art. 97), requisitos formales de los contratos (arts. 98 y 99), consecuencias del incumplimiento (art. 100), necesidad de aceptación expresa de las ofertas (art. 101) o derecho de desistimiento (arts. 101-108).

---

255 En el ámbito del derecho de contratos, la trascendencia práctica de esta cuestión resulta incuestionable, por cuanto el momento de la perfección contractual marca el inicio en la producción de efectos y la exigibilidad de las obligaciones derivadas del mismo, así como la distribución entre las partes de los riesgos de destrucción, pérdida, deterioro, etc. de su objeto o la adquisición del crédito o deuda por sucesión mortis causa, entre otras cuestiones.

256 En este caso "las partes mantenían relaciones profesionales desde hacía más de quince años, era habitual que hubiera reuniones y comunicaciones internas sobre la estrategia a seguir respecto de los procedimientos judiciales y su consiguiente repercusión en los honorarios a cobrar por los letrados, y no podía ignorarse un correo electrónico del jefe de la asesoría jurídica que establecía un nuevo sistema de facturación y cobro". En definitiva, "Consta que el recurrente tuvo conocimiento de dicho correo, por lo que, si no lo contestó, era conforme a la buena fe contractual que la otra parte considerase que no se oponía al nuevo sistema, ya que lo lógico era, que se si oponía, lo hubiera manifestado expresamente mediante contestación al correo electrónico".

Cuando se trata de transacciones operadas a través de redes descentralizadas, puede cuestionarse si, dada la mecánica o modo de operar de los "smart contract" puede en sentido propio hablarse de oferta o propuesta de contrato (*"proposal"*, *"offer"*) o más bien se trata de una mera "invitación a contratar" (*"invitation to treat"*) sin efectos vinculantes.

En este tipo de transacciones digitales singulares[257], la respuesta no puede proporcionarse con carácter general: habrá que comprobar en cada caso[258] si se hallan o no especificados

---

[257] DÍAZ se refiere a la disyuntiva entre contratos tradicionales e inteligentes. En estos "*El lenguaje no es natural, sino que es un lenguaje virtual, un lenguaje de programación informática. De igual manera que un programa de ordenador o una aplicación móvil se programa a fin de que ejecute una serie de funciones, los Smart Contracts configuran la realización de unas tareas conforme a unas instrucciones y condiciones introducidas previamente. En consecuencia, el cumplimiento de los contratos inteligentes no permite diversos puntos de vista, sino una aplicación y ejecución objetiva. Si se da la condición establecida (normalmente bajo la estructura informática «si..., entonces...»), el contrato ejecuta automáticamente la consecuencia de dicha acción. Finalmente, la responsabilidad legal del Smart Contract sigue en análisis, pero es indudable que no requiere de un intermediario (como el notario o cualquier otro fedatario público), pues el contrato en sus términos es el intermediario de confianza, con reducción de costes y del tiempo de las interacciones*". DÍAZ DÍAZ, E. "Una aplicación jurídica del «Blockchain»: los «Smart Contracts»". *Revista Aranzadi de Derecho y Nuevas Tecnologías,* Nº. 50, 2019.

[258] A nuestro juicio, que funcionalmente sea conveniente (lo es) un régimen jurídico uniforme de este tipo de transacciones, cada vez más frecuentes en el tráfico de bienes y servicios (financieros y otros), no implica que deban forzarse categorías y conceptos tradicionales que difícilmente se adaptan a estas nuevas realidades digitales. Deberá más bien llevarse a cabo una labor de revisión crítica que permita la adaptación de los actuales marcos jurídicos a estas nuevas realidades tecnológicas. En los "smart contracts" no hay oferta propiamente dicha, a no ser que entendamos por tal, de nuevo de manera impropia, la indeterminada y pública invitación a adherirse a la red de bloques mediante lo que se denomina una "llave criptográfica", documento de carácter privado que, junto con otra de carácter público, crea un algoritmo o código único apto técnicamente para certificar, sin posibilidad de error, que

en los contratos-base previos que fundamentan la codificación y en la misma información codificada los términos de la transacción o el clausulado negocial, y ello de forma tal que puedan ser comprendidos (*ergo* queridos y aceptados de forma libre) sus (rotundos) efectos por parte de los intervinientes en la operación, más allá de su codificación en los bloques de la red. No será lo mismo, por tanto, un "smart contract puro" (SC) que aquel que tenga su fundamento y causa en un clausulado base *"off-chain"* previamente negociado (SLC), en el que haya intervenido la oferta y aceptación de los intervinientes como partes de un contrato en sentido tradicional.

En este sentido, debe tenerse presente la distinción entre redes públicas y permisionadas o privadas, de acceso restringido y alcance limitado. En las redes públicas puede hablarse de una oferta pública susceptible de aceptarse por cualquiera que despliegue determinada conducta (*"conclusive behaviour"*) de la que se sobreentienda la voluntad de aceptar la transacción[259]: v.gr, la inserción o carga de determinado número de criptomonedas en el sistema. En las "permissioned blockchain" o redes privadas, el acceso a la red y el consenso necesario se halla controlado por un grupo limitado de usuarios, conocidos como "nodos de confianza": se exigen ciertos requisitos para poder formar parte de la blockchain y sólo determinados usuarios[260] tienen el control sobre la verificación y agregación de nuevos datos en la red o cadena. La validación de las transacciones se controla por grupos preseleccionados de miembros, como,

---

un usuario o nodo determinado ha aceptado dicha transacción, deviniendo de este modo ejecutable e inmodificable.

259 STAZI, A. "Smart Contracts and Comparative Law: A Western Perspective", *Springer*, 2021, p. 111.

260 TUR FAÚNDEZ, C. "Smart contracts: análisis jurídico", Reus, Madrid, 2018, p. 39, citado por FETSYAK, I. "Contratos inteligentes: análisis jurídico desde el marco legal español", *REDUR* 18, diciembre, 2020,pp. . 197-236. http://doi.org/10.18172/redur.4898.

por ejemplo, entidades financieras que operan cada una un nodo, exigiéndose un número determinado de agentes o nodos para que pueda operar válidamente una transacción.

Con carácter general, se afirma que, en el ámbito de los "smart contracts", la perfección del negocio jurídico se produce del mismo modo que en la denominada contratación *"Machine-to-machine"* ("M2M")[261], que es la que fundamenta este tipo de transacciones permitiendo que dispositivos, máquinas, aparatos o herramientas como los ordenadores o computadoras, utilizando programas y algoritmos, puedan por si mismos intercambiar información y realizar determinadas acciones sin necesidad de intervención humana. Por nuestra parte, entendemos que, en cualquier caso, y más allá del reconocimiento del principio de equivalencia funcional, debiera ser una noma jurídica la que, de forma expresa (como ya ocurre en algunos ordenamientos), estableciera la equiparación entre los contratos tradicionales y las transacciones blockchain, delimitándose el régimen jurídico de sus presupuestos, requisitos y efectos.

Siguiendo con el *iter* de perfección de estas transacciones tecnológicas, en una primera fase precontractual (preparación del smart contract, o en la terminología de algunos autores "fase de generación") se produciría la traslación o conversión del lenguaje jurídico del clausulado contractual tradicional a lenguaje codificado en formato condicional ("*if-then*"): sobre este es sobre el que debe recaer el consentimiento (arts. 1258 y 1261 CC, exigiéndose la articulación de instrumentos de control de legalidad, de incorporación y transparencia, a los que se refieren con carácter general las SSTS de 30 de enero de 2017 y de 15 de marzo de 2022.

---

[261] ANTON-HARO, C. "Machine-to-machine (M2M) Communications: Architecture, Performance and Applications (Woodhead Publishing Series in Electronic and Optical Materials)", *Elsevier*, 2015.

La emisión de la oferta de suscribir un contrato inteligente debe cumplir[262]con las obligaciones impuestas por el art. 27 LSSI, identificando el que la realiza los términos de la misma asi como los elementos esenciales del contrato (consentimiento, objeto, causa: partes del contrato, cosa o servicio contratado y precio, etc.) y su carácter definitivo, de modo que una vez aceptada no podrá revocarse.

Siendo frecuentemente contratos de adhesión con condiciones generales, será necesario cumplir los requisitos de transparencia información clara y comprensible (más aún, constando en lenguaje de código, que debe ser trasladado del clausulado redactado en forma tradicional).

Partiendo del singular modo de operar de esta tecnología, y retomando el interrogante acerca del modo y momento en que se produce la concurrencia entre oferta y aceptación necesaria para entender válidamente perfeccionada (en sentido jurídico) la transacción en la blockchain: ¿cuándo puede decirse que se verifica un acuerdo de voluntades, conocido este ámbito como "*meeting of the minds*"?; ¿Una vez recibido y autenticado a través del consentimiento de los demás nodos de la blockchain, o en el momento en que es técnicamente codificado y añadido por un agente a dicha red de bloques?

Legalmente resulta más acorde a la mayoría de ordenamientos jurídicos la primera opción: tras la firma del aceptante con su clave privada o llave criptográfica se requiere que la comunicación de dicha aceptación llegue a conocimiento del oferente. De este modo, el "smart contract" se perfeccionaría "mediante el intercambio de la oferta y la aceptación en un

262 CASTELLANO GARCÍA, A. "Conceptualización de los contratos inteligentes o autoejecutables basados en la tecnología Blockchain y su encuadre en el ordenamiento jurídico español", *Revista Estudios Jurídicos,* junio de 2021, p. 19.

sentido jurídico, y no a través de la ejecución del programa en un sentido técnico" (en este sentido, Stazi)[263].

Anguiano examina esta cuestión partiendo de las tres fases del ciclo de vida del contrato: su generación, perfección y consumación:

- La fase de generación es trascendental, y comprende la información, negociación y redacción del clausulado del negocio o contrato;
- En la de perfección tiene lugar la reunión o concurrencia de voluntades acorde a lo preestablecido;
- En la de consumación o ejecución se procede al cumplimiento de las prestaciones comprometidas o se verifica su incumplimiento, con las correspondientes consecuencias, incluidas, en su caso, las reparatorias o indemnizatorias de los daños y perjuicios causados.

Comparto, si bien parcialmente, la opinión de este autor cuando considera que los contratos inteligentes no tienen especial incidencia en las dos primeras fases, por hallarse contemplados sus efectos en la normativa vigente. Debe tenerse en cuenta la complejidad relativa a la acreditación de la identidad de las partes intervinientes.

Especialmente (pero no sólo) en la contratación con consumidores, debe extremarse el cumplimiento del deber de información, que abarcará, además de los elementos necesarios relativos a la cosa y precio del contrato o renta, en su caso, régimen de riesgos, etc. la información más exhaustiva posible sobre los siguientes extremos:

- La información contenida en el clausulado original y su traslación a código;

---

263 STAZI, *ob.cit.* p. 115.

- El funcionamiento singular o modo de operar de esta tecnología de activación de bloques;
- Los rotundos efectos que se derivan del automatismo o auto-ejecución de lo acordado propio de esta tecnología disruptiva, como la imposibilidad de incumplir o la inmodificabilidad[264] de la información codificada.

Cuando se trate de SLC, tal información, que puede trasladarse a los bloques encriptados, entiendo debe contenerse, dados los efectos singulares y rotundos de estas transacciones, en el contrato-marco, de naturaleza y efectos distintos de un contrato preparatorio o precontrato en el sentido que expone la jurisprudencia más reciente[265].

---

264 Ya sea mediante pactos novatorios o por acaecer, en contratos de tracto sucesivo, circunstancias sobrevenidas que hacen excesivamente oneroso el cumplimiento en sus propios términos de lo acordado a través de la invocación de la cláusula "*rebus sic stantibus*", la desaparición de la base del negocio, la alteración sobrevenida de las circunstancias que han sido tomadas como base de la prestación del consentimiento contractual).

265 Debe distinguirse el precontrato, que "es ya en sí mismo un auténtico contrato que tiene por objeto celebrar otro en el futuro, conteniendo el proyecto o ley de bases del siguiente", como reza la STS de 19 de julio de 1994, " *pactum de contrahendo*" que tiene por objeto constituir un contrato y exige que en él se halle prefigurada una relación jurídica con sus elementos básicos y todos los requisitos que las partes deben desarrollar y desenvolver en un momento posterior (SSTS de 23 diciembre de 1995, Rec. 1786/1992; 16 de julio 2003, Rec. 3867/1997, entre otras) de los contratos o pactos normativos o reguladores, que sientan las bases pero no obligan a celebrar en el futuro un contrato, limitándose a reglamentar principios y normas normas para el caso de que voluntariamente quiera celebrarse. ", cuya efectividad o puesta en vigor se deja a voluntad de ambas partes contratantes.

4.3. Firma electrónica avanzada: la criptografía de clave asimétrica en la contratación inteligente

A la hora de perfeccionar un contrato escrito, sea o no por medios electrónicos, es preceptivo el uso de firmas manuscritas o electrónicas reguladas legalmente.

La firma electrónica avanzada se basa en el uso de criptografía de clave asimétrica[266], utilizando dos claves, una privada y otra pública[267], que se complementan recíprocamente para las operaciones de cifrado y descrifrado y que es la usual en los denominados "contratos inteligentes".

Como afirma Anguiano, habrá, sin embargo, que considerar que, "en determinadas circunstancias, cuando la normativa en vigor exija la identificación de los que intervienen, no bastará la utilización de la infraestructura de clave pública sin que la asignación de las claves asimétricas requiera la previa identificación de quien las solicita". Y es que si en un contrato tradicional[268] las partes retienen sus "ejemplares firmados"

---

266 *Vid.* la descripción y ejemplos de claves públicas, privadas, simétricas y asimétricas contenidas la formación básica en criptografía de la FNMT, disponible en el enlace https://www.sede.fnmt.gob.es/curso-de-criptografia/

267 La clave privada será custodiada por su propietario y no se dará a conocer a ningún otro, en tanto la clave pública será conocida por todos los usuarios: pareja de claves o llaves complementaria en la medida en que lo que cifra una sólo la otra puede descifrarlo (y viceversa). Estas claves se obtienen mediante métodos matemáticos complicados de forma que por razones de tiempo de cómputo, es imposible conocer una clave a partir de la otra.
Vid. https://www.sede.fnmt.gob.es/curso-de-criptografia/criptografia-de-clave-asimetrica

268 El predisponente de un contrato con condiciones generales deberá incorporar una cláusula en la que el adherente consienta en la codificación de los pactos y en la subsiguiente ejecución automática de los mismos, recabarse el consentimiento expreso para el uso de específicas fuentes de información que vengan a rellenar o cumplimentar de forma externa

o el certificado expedido por un tercero al que se le ha encargado la función de certificar la unión de voluntades[269] "cuando el contrato es inteligente, tras la reunión de voluntades, el código informático se incorpora a un Registro Distribuido, permaneciendo en una "dirección" del mismo hasta que es finalmente ejecutado. La incorporación del código al registro garantiza su inalterabilidad. Nadie podrá modificarlo, de tal forma que el incorporado a la cadena de bloques será el que finalmente se ejecute sirviendo como base para la obtención del "data exit[270]".

Si hablamos del contrato-marco "*off-chain*" en el que se contienen los términos y condiciones del "smart contract" que se ejecutará automáticamente verificados los requisitos o condiciones previstos, no hay duda que el momento de la perfección contractual coincide con el del concurso o concurrencia de la oferta y la aceptación sobre la cosa y la causa objeto de la transacción negocial de que se trate. Tal acuerdo-base se regirá por las reglas generales de la contratación previstas en los códigos civiles, siendo aplicable al contrato la ley que proceda por aplicación de las normas contenidas en el art. 10 CC y, si es predispuesto en masa con condiciones generales, la legislación

---

(oráculos e "IoT") las variables del código informático de forma previa a su ejecución.

269 De modo que, si existe la necesidad de acreditar la existencia y contenido de los contratos, cualquiera de las partes podrá exhibir o aportar su ejemplar.

270 Se denominan "*data entry*" los datos que nutren y proveen de información a las variables del código informático: como fuentes de información, los oráculos y las cosas del "IoT", con *smarphones,* ordenadores u otros dispositivos conectados a Internet .El resultado de la ejecución del código informático una vez se han cumplimentado o "rellenado" de información las variables da como resultado nuevos datos (datos resultantes) que reciben la denominación de "*data exit*".

de consumidores y usuarios (TRLGDCU y legislación complementaria).

4.4. La "Identidad digital": nuevos desarrollos

La personalidad, regulada por el derecho civil como la capacidad o aptitud para la titularidad de derechos y obligaciones, se adquiere con el nacimiento (art. 29 CC) y se extingue con la muerte de la persona física (art. 31 CC). Es persona el ser humano y, por traslación ciertas organizaciones humanas, en cuanto alcanzan la cualidad de miembros de la comunidad jurídica. La dignidad del ser humano implica la posesión ineludible de una serie de bienes jurídicos resultantes del «ser persona» implícitos en su ser mismo, que se integran en los denominados "derechos de la personalidad".

La identidad de las personas en el mundo físico o identidad "*offline*" se asocia con determinados rasgos de la persona o atributos, algunos de los cuales constituyen hechos que afectan al estado civil: nombre, edad, sexo, nacionalidad, etc. Esta realidad, reconocida en el mundo analógico, cuando se proyecta al digital obliga a la repensar los parámetros que permiten reconocer la unicidad y plenitud de la personalidad.

En el ámbito de la UE, la Comisión Europea, en su Comunicación de 26 de enero de 2022, ha propuesto la formulación de una "Declaración sobre los Derechos y Principios Digitales para la Década Digital" que, en su Capítulo I, enfatiza el derecho a la identidad digital desde esta óptica de los derechos de la personalidad derivados de la dignidad humana: su *«Las personas, en el centro de la transformación digital dice así: Las personas constituyen el núcleo de la transformación digital de la Unión Europea. La tecnología debe servir y beneficiar a todos los europeos y empoderarles para que cumplan sus aspiraciones, en total seguridad y con pleno respeto de sus derechos fundamentales». (párrafo 1º).*

Asimismo, en el Capítulo III se refuerza la identidad digital entendida como una libertad de elección de las personas estableciendo que toda persona debería estar empoderada para beneficiarse de las ventajas de la IA a fin de tomar sus propias decisiones con conocimiento de causa en el entorno digital, así como protegida frente a los riesgos y daños a su salud, su seguridad y sus derechos fundamentales» (párr. 1°).

La identidad digital se reconoce en este marco como un derecho fundamental y básico para toda persona desde su nacimiento (Informe «Identidad Digital y Biometría», de 23 de noviembre de 2021), resaltándose que tal derecho es además un "derecho instrumental para el ejercicio de otros ", destacando las ventajas que la biometría, en su estado actual, ofrece para asegurar una identidad "real" frente a otra presunta. La justificación de la creación de una identidad digital europea se encuentra al comienzo de la propuesta de nuevo Reglamento elevado a la Comisión Europea, que se propone como objetivo "proporcionar, para la utilización transfronteriza:

- — Acceso a soluciones de identidad electrónica altamente seguras y fiables;
- — La garantía de que los servicios públicos y privados puedan apoyarse en soluciones de identidad digital fiables y seguras;
- — La garantía de que las personas físicas y jurídicas puedan utilizar soluciones de identidad digital;
- — La seguridad de que dichas soluciones presenten un conjunto de atributos y permitan el intercambio selectivo de datos de identidad, y de que dichos datos se limiten a las necesidades del servicio específico solicitado;
- — La garantía de la aceptación de los servicios de confianza en la UE (UE) y de la igualdad de condiciones para su prestación".

La identidad digital europea, concretada en las denominadas carteras digitales de identidad europea («*European Digital Identity Wallets*» o EDIW) implican, para todo ciudadano comunitario portador de un documento nacional de identidad en un estado miembro, el reconocimiento de una identidad digital con operatividad transfronteriza que permite a su titular el acceso a los servicios públicos y privados, tanto *online* como *offline*, y el control de sus atributos y datos personales. A diferencia de los procesos de identificación electrónica regulados en la normativa comunitaria, la identidad digital europea es un concepto más amplio, que implica funcionalidades diversas en el contexto digital, tanto de los servicios públicos como privados, prestados por proveedores online y offline, permitiendo al ciudadano europeo tanto el acceso a estas funcionalidades con eficacia transfronteriza como el control de sus propios atributos y datos personales.

En el ordenamiento jurídico español, el derecho a la identidad digital aparece configurado como un derecho de la persona con características propias y goza del reconocimiento constitucional y legal (LOPDP 3/2018, de 5 de diciembre), con la debida protección jurídica[271] y judicial.

---

[271] Debe partirse de la competencia del Derecho civil en el ámbito del derecho de la persona, sobre la base de los arts. 10.1 CE, 18.1 y 4 (dignidad de la persona y el libre desarrollo de la personalidad, además de la protección de datos personales) a la hora de articular e implementar los instrumentos que garanticen el acceso a esta "identidad digital" por personas y entidades residentes o domiciliadas en la UE, así como el derecho a gestionar dicha identidad, sus atributos y acreditaciones, a fin de evitar el control, manipulación indebida o suplantación por terceros. Entendemos que corresponde igualmente a las normas de derecho privado la tarea de definir, regular e implementar las garantías que permitan la verificación segura de esta identidad en el entorno digital.

Como "Soft Law", la "Carta de Derechos Digitales" reconoce el derecho a la identidad digital bajo la denominación de "derecho a la identidad en el entorno digital" (epígrafe II)

El "European Digital Identity Wallet" constituye un salto cualitativo en la identificación digital de la persona. Los sistemas de biometría buscan la certeza de lograr la acreditación de una identidad real frente a otra presunta, dado el factor de inherencia de los datos biométricos.

La Propuesta de Reglamento del Parlamento Europeo y del Consejo por el que se modifica el Reglamento (UE) n.º 910/2014 en lo que respecta al establecimiento de un Marco para una Identidad Digital Europea, de 3 de junio de 2021[272], se refiere a la incorporación de datos biométricos en la denominada "cartera" o "wallet" digital: «*La utilización de la biometría para la autenticación es uno de los métodos de identificación que proporcionan un nivel alto de confianza, en particular cuando se combinan con otros elementos de autenticación. Dado que la biometría representa una característica única de una persona, su uso requiere medidas organizativas y de seguridad proporcionales al riesgoque dicho tratamiento puede conllevar para los derechos y las libertades de las personas físicas...*» (Expositivo 11°).

También la "Propuesta de Reglamento por el que se establecen normas armonizadas de Inteligencia Artificial"[273] (conocida como "Ley de Inteligencia Artificial"), aprobada el 21 de abril de 2021 con el propósito de reforzar la seguridad y los derechos fundamentales de las personas y las empresas en este ámbito, al tiempo que refuerza la adopción, la inversión y la innovación en materia de IA en toda la Unión, contempla

---

272 https://data.consilium.europa.eu/doc/document/ST-9471-2021-INIT/es/pdf

273 https://eur-lex.europa.eu/legal-content/ES/TXT/?uri=COM:2021:206:FIN

la utilización de sistemas de identificación biométrica, para los que impone diversas exigencias, que van desde su prohibición absoluta para aquellos sistemas de identificación biométrica remota en espacios de acceso público (con excepciones, art. 5.1 b), pasando por sistemas considerados de "alto riesgo", y concluyendo con los sistemas "de bajo riesgo", para los que se imponen códigos de conducta (la mayoría de sistemas estarán incluidos dentro de la segunda categoría de "alto riesgo").

No hay avance sin asunción de riesgos, pero los pasos deben darse con la necesaria cautela. Partiendo como premisa de las bondades del avance tecnológico, entendemos que tanto las oportunidades como los riesgos de las tecnologías disruptivas y de la IA deberán ser ponderados adecuadamente mediante la virtud de la prudencia.

Por lo que al ámbito del Derecho civil se refiere, las principales cuestiones que plantea el "EDIW", que deberán ser analizadas ser analizadas desde un debate reflexivo, se encuentran ligadas a la contratación de este tipo de instrumento y sus condiciones, así como a su utilización y la obtención de los certificados que acreditan los estados de la persona, el acceso a la información de los diversos registros públicos y el control de esa información por parte de sus titulares. Desde esos parámetros deberá analizarse el consentimiento para la contratación, las condiciones del mismo y el tratamiento de este tipo de datos[274].

---

[274] El RGPD no define el «consentimiento explícito» pero establece limitaciones y exigencias cuando del tratamiento de datos sensibles se trata, lo que se proyecta sobre los biométricos, destacándose las siguientes garantías que habrá que valorar desde aquellos parámetros:

-Elaboración de perfiles y decisiones automatizadas

El art. 22.1 RGPD que sienta como regla que: «*Todo interesado tendrá derecho a no ser objeto de una decisión basada únicamente en el tratamiento automatizado, incluida la elaboración de perfiles, que produzca efectos jurídicos en él o le afecte sig-*

---

nificativamente de modo similar». Ahora bien, el RGPD también contempla una serie de excepciones (art. 22.2 RGPD). En el caso de los datos biométricos, el recurso a las decisiones individuales automatizadas deberán venir fundadas en el consentimiento explícito del interesado (con los límites que lleva consigo) y en el establecimiento de medidas adecuadas para salvaguardar los derechos y libertades y los intereses legítimos del interesado.
-Protección de datos en el diseño.
Las exigencias derivadas de la protección de datos en el diseño (art. 25.1 RGPD) y, en especial, del principio de *minimización*, obligan a escoger aquella tecnología que resulte menos intrusiva desde el punto de vista de la protección de datos. Se estudiará hasta qué punto los sistemas biométricos deban diseñarse de modo que se pueda revocar el vínculo de identidad, para renovarlo o suprimirlo cuando se revoque el consentimiento».
- Evaluación de Impacto en materia de protección de datos
El art. 35.1 RGPD establece, con carácter general, la obligación que tienen los responsables de los tratamientos de datos de realizar una EIPD con carácter previo a la puesta en funcionamiento de tales tratamientos cuando sea probable que éstos por su naturaleza, alcance, contexto o fines entrañen un alto riesgo para los derechos y libertades de las personas físicas, riesgo que, se verá incrementado cuando los tratamientos se realicen utilizando «nuevas tecnologías».
- Garantías de seguridad
En lo que respecta a los datos biométricos, la seguridad es fundamental, ya que son irrevocables. Una posible vulneración por lo que respecta a los datos biométricos constituye una amenaza para el uso seguro de la biometría como identificador y para el derecho a la protección de datos de los interesados, para los que no existe ninguna posibilidad de mitigar los efectos de la violación». Sobre esta base, se estudiará la necesaria adopción de medidas adecuadas para proteger los datos almacenados y tratados por el sistema biométrico (sistemas de cifrado). Deberá analizarse y definirse un marco de gestión de las claves para garantizar que las claves de descifrado solo sean accesibles por razón de la necesidad de conocer.
- Conservación de los datos obtenidos
Los datos de carácter personal (art. 5 e) RGPD), tienen que ser «mantenidos durante no más tiempo de aquel necesario a los efectos de la identificación de los interesados, en función de las finalidades previstas para su tratamiento». Debiera determinarse un período de conservación de los datos biométricos no superior al necesario para los fines para los que fueron recabados o

5. ¿*QUID* DE LOS FALLOS Y ERRORES EN LA BLOKCHAIN?

Debe hacerse referencia a la posibilidad fáctica (altamente improbable pero no imposible, como los hechos se han encargado de demostrar) de que, por defectos o fallos en la programación, pueda encriptarse de forma errónea, defectuosa o incompleta la información contenida en cada uno de los bloques (el código) del "smart contract".

Podría considerase que estamos ante un supuesto que, en la contratación tradicional sería subsumible en el error de hecho (art. 1266 CC), que viciaría de anulabilidad el negocio (con la consiguiente posibilidad de ejercicio de la acción en el plazo de cuatro años desde la fecha de la encriptación): ello debería desencadenar como remedio el reintegro de las respectivas prestaciones ejecutadas por los intervinientes (incluidos, en su caso, los intereses), si bien el automatismo de las transacciones blockchain y sus efectos de irreversibilidad hacen conveniente prever *"off-chain"* el despliegue en estos supuestos de tales efectos.

---

para los que se traten ulteriormente. Deberá garantizarse que los datos, o los perfiles derivados de esos datos, se supriman una vez transcurrido este período de tiempo justificado».

6. ELEMENTOS ESENCIALES: CONSENTIMIENTO, OBJETO Y CAUSA DE LOS "SMART CONTRACTS"

6.1. Consentimiento y sus vicios

6.1.1. Consentir en la "blockchain"

En los "smart contracts" el consentimiento no se presta a través de una declaración de voluntad, verbal o escrita, como en la contratación tradicional, sino mediante lo que se denomina una "llave criptográfica" (criptografía de clave asimétrica). Documento éste de carácter privado que, junto con otra de carácter público, crea un algoritmo o código único apto técnicamente para certificar, sin posibilidad de error, que un usuario determinado ha aceptado dicha transacción.

Si bien no hay una manifestación expresa que muestre la conformidad, tal y como sucede en los esquemas contractuales convencionales, por el hecho de ser parte del mismo y aceptar "firmarlo" con la llave criptográfica se entiende (si bien no hay norma sancionadora de este efecto "presuntivo") que se presta la conformidad del agente al mismo y a su contenido.

Debe distinguirse conceptualmente un "smart contract" originario, en el sentido expuesto y los denominados "M2M contracts", que implican retos aún más complejos derivados de la Inteligencia Artificial. En el "smart contract" originario, el consentimiento se presta de manera inmediata y, en el "M2M contract", por remisión al consentimiento previo del que deriva este segundo contrato.

Como afirma Argelich, en el "M2M contract" ("*machine to machine*", sin intervención humana), las partes prestan su consentimiento de manera mediata, pues, por ahora, solamente tiene capacidad para ello una persona, representada por una clave criptográfica[275] o por un tercero mediante una "*proof of identity*", pero no un código informático "per se", que únicamente constituye una forma electrónica de emitir el consentimiento. Ello podría dar lugar a la existencia de vicios –en particular, el error– en el consentimiento inmediato que, al no emitirse un nuevo consentimiento, se extiendan al "M2M contract". La validez de este "M2M contract" queda sujeta a la prestación de una adecuada información a la contraparte del acaecimiento de este contrato, por lo que resulta especialmente importante en materia de consumo el deber de información precontractual y el control de transparencia de la cláusula que disponga la ejecución automática de este segundo contrato.

6.1.2. *Quid* de los vicios del consentimiento

Como se ha dicho, no precede a los contratos inteligentes una oferta contractual propiamente dicha, a no ser que entendamos por tal, de nuevo de manera impropia, la indeterminada y pública invitación a adherirse a la red de bloques mediante una clave criptográfica, en el sentido expuesto.

Ello, sin embargo, no impide reconocer que la ejecución descentralizada en la "*blockchain*" de una cláusula de un "contrato-marco" que se ejecute a través de esta tecnología requiere un conocimiento especializado de lo que significa esta forma (tecnológica) de proceder, su funcionalidad y efectos, el cual no se encuentra precisamente al alcance del lego (en ciencia de la computación).

En particular, la tecnología blockchain presenta una complejidad inherente que constituye en sí misma una importante barrera de entrada en el sistema en sentido informacional, puesto que sólo quien conoce el funcionamiento de este tipo

---

275 Citando a WERBACH, 2017, p. 371.

de procesos (en particular, el lenguaje de programación) puede decirse que se halla en condiciones de realizar tales transacciones de forma libre y en condiciones de simetría de poder respecto de otros participantes.

Podría, por ello, cuestionarse la validez del consentimiento otorgado por las partes de un "smart contract" a gran escala formalizado exclusivamente en código informático en la cadena de bloques si los intervinientes no son (o no lo son todos, o no en el mismo grado) expertos en lenguaje de programación (y puede probarse esta circunstancia). El consentimiento previamente otorgado en el contrato-base que da lugar a la automática aplicación de la cláusula "auto-regulada" podría hallarse de este modo viciado por error, y las partes podrían invocarlo como vicio del consentimiento.

La doctrina[276] alude en este sentido a un contrato de compraventa de activos digitales que se transfieren presentando ciertos defectos desconocidos para el comprador que la propia plataforma no logró detectar: operando los remedios tradicionales, nos encontraríamos en este caso ante un vicio redhibitorio, si bien, dada la imposibilidad de mutar el código, a falta de acuerdo entre las partes (negociado o mediado en su caso por medios ADR, ODR o recurriendo al arbitraje) la situación abocaría a la judicialización del conflicto.

Podría plantearse la posibilidad de supuestos de dolo o maquinación fraudulenta en la programación del bloque, o de

---

276 *Vid.* DE LARRAECHEA CARVAJAL, J. ORHANOVIC DE LA CRUZ, E. "Smart Contracts": Origen, Aplicación y Principales desafíos en el Derecho Contractual Chileno", *Actualidad Jurídica* n.° 42, Universidad del Desarrollo, Chile, 2020.
https://derecho.udd.cl/actualidad-juridica/files/2021/01/AJ42-P107.pdf

eventos generadores de daños y perjuicios cuyo remedio no sea provisto por el código inserto en los bloques de la red[277].

La concurrencia de un vicio del consentimiento (error, dolo) "arrastraría" al efecto (vinculante e irreversible) ligado de forma automática por la actuación de la secuencia "*if-then*": pese a ello, aquellos que resaltan las bondades de este sistema aseguran la minimización o reducción a lo matemáticamente inapreciable de la concurrencia de vicios, maquinaciones, fraudes, etc. cuando se aplica este tipo de tecnología, así como del riesgo de destrucción, pérdida o extravío de la información contenida y sucesivamente almacenada en las cadenas de bloques.

Entiende la doctrina[278] que el mecanismo de este tipo de contratos inteligentes elimina la posibilidad de fuerza o "*vis física*" como vicio del consentimiento pero cabría, acaso, hablar de "*vis moral*" o intimidación si el contratante es inducido bajo amenaza de un mal inminente y grave a aceptar de este modo una transacción de este tipo. Igualmente podría existir una maquinación fraudulenta o dolo, pero no por el otro contratante, puesto que no se conoce, con lo que las consecuencias sólo podrían, en su caso, ser indemnizatorias, debiendo resolverse, a falta de previsión al efecto, la controversia suscitada por las reglas jurídicas generales.

6.2. Objeto: posible ilicitud

El objeto de todo contrato debe ser en ordenamientos jurídicos como el español, y los que en él se inspiran, el obje-

---

277 ALCALDE, *Actualidad Jurídica*, n.° 42, p. 567, Universidad del Desarrollo, Chile, 2020.

278 DE LARRECHEA, ALCALDE, ARGELICH, entre otros autores que se han referido al tema.

to lícito, posible y determinado o determinable (arts. 1271, 1272, 1273 CC)

Se ha señalado la posibilidad fáctica de que se celebren transacciones blockchain con objeto ilícito: dado que la ejecución es automática y "el sistema" no es capaz de discernir lo lícito o lícito del clausulado, los actos contrarios a derecho (leyes imperativas o de "*ius cogens*"), a la moral o buenas costumbres y al orden público (como conjunto de valores y principios constitucionales), contravendrían lo dispuesto en el art. 1255 CC, con la consiguiente sanción de nulidad (art. 1301 CC).

En este punto, autoridades nacionales y organismos multisectoriales han denunciado que esta tecnología ha llegado a permitir el intercambio de bienes y servicios fuera de los márgenes de la ley (imperativa) e incluso del perímetro de las legislaciones y autoridades fiscalizadoras del blanqueo de capitales o lavado de activos, o fomentando actividades ilícitas como el tráfico de drogas y estupefacientes, de armas y de personas.

En cuanto a las prestaciones que pueden constituir el objeto de un "smart contact", en la mayoría de casos se incluirán obligaciones que tengan por objeto prestaciones de *dar (*alguna cosa: inmueble, muebles, dinero, criptomonedas). Las de *hacer* requerirán de interacción con el mundo real o la asistencia de un oráculo (en el sentido expuesto). En cuanto a las obligaciones de *no hacer* (abstenerse de hacer algo), si bien desde el punto de vista tecnológico y jurídico no hay inconveniente en estipularlas, no parece que exista un beneficio derivado de la ejecución automática de la transacción[279].

---

279 En la práctica y como regla general, los "smart contracts" asumen un perfeccionamiento de las obligaciones inmediato, no encontrándose como fin primario de la plataforma el verificar que una de las partes de la relación contractual no hizo aquello a lo cual se obligó.

6.3. Causa

Debemos tener en cuenta la ausencia de armonización de este elemento en el derecho comparado: la causa de un negocio jurídico, que como es sabido debe considerarse algo distinto del móvil subjetivo que ha llevado a las partes a celebrarlo, está determinada en definitiva "off-chain" por la propia naturaleza de la prestación en cuestión (*causa vendendi, donandi, credendi,* etc.).

En los SC, el código informático evita o reduce en la práctica la simulación contractual, es decir, la discordancia entre la transacción realizada con la finalidad económica del negocio jurídico utilizado. Argelich señala, en este sentido, que los "smart contracts" deberán atender para su correcta formación a determinados datos externos al contrato, de carácter administrativo, bancario, tributario y judicial, por lo que resulta imprescindible que la Administración incorpore la tecnología blockchain para permitir su incorporación. En particular, sería conveniente que la Administración Tributaria habilitase la autoliquidación de determinados impuestos desde el propio "smart contract", para dificultar todavía más la simulación contractual y reducir los costes de inspección.

6.4. Forma

Rigiendo en la mayor parte de ordenamientos jurídico-privados el principio de libertad de forma (art. 1278 CC), la seguridad jurídica exige en cierto tipo de contratos (v.gr, la compraventa de inmuebles) la formalización de transacciones mediante escritura pública (ergo, con intervención notarial). Se considera, por ello, adecuado articular un mecanismo conforme al cual, una vez celebrado el contrato, el código informático suspenda la auto-ejecución hasta que las partes procedan a elevar el contrato a escritura pública notarial.

7. CUANDO LA INMODIFICABILIDAD DE LOS EFECTOS ES UN PROBLEMA: EL REMEDIO DE LA *"REVERSE-CONVENTION"*

Un sector doctrinal[280] entiende que el "smart contract" es un contrato en el sentido jurídico, a pesar de lo cual no puede obviarse el hecho de la inmutabilidad de lo pactado a través de esta tecnología: el clausulado "inserto" en la red blockchain resulta inalterable o inmutable, contraviniendo el principio general de la modificabilidad de los contratos por voluntad de las partes intervinientes (art. 1256 CC), la novación modificativa o extintiva, o extraordinariamente, si cambian las circunstancias esenciales que dieron lugar a su celebración ("*rebus sic stantibus*", teoría de la imprevisión, desaparición de la base del negocio, ...), así como la posibilidad de dejarlos sin efecto por mutuo disenso (no es posible el desistimiento mutuo o "*contrario consensus*").

Ello es así porque en este tipo de transacciones, el bloque y lo contenido en él queda definitivamente encriptado y almacenado en la red, no siendo posible su alteración o modificación por la mera voluntad de las partes, salvo que se activase, de forma excepcional, un mecanismo de "ultima ratio" conocido como *"Hard Fork"*[281], proceso que requeriría la coordinación con múltiples agentes ("*miners*") y otros actores del sistema.

---

280 En este sentido, DE LARRAECHEA CARVAJAL, J. ORHANOVIC DE LA CRUZ, E. "Smart Contracts": Origen, Aplicación y Principales desafíos en el Derecho Contractual Chileno", Actualidad Jurídica n.° 42, Universidad del Desarrollo, Chile, 2020. https://derecho.udd.cl/actualidad-juridica/files/2021/01/AJ42-P107.pdf

281 A fin de que no se produzcan resultados indeseables por agentes que puedan conocer los fallos del sistema y pueden poner en cuestión la infalibilidad (casi absoluta) que es su principal ventaja, sus creadores han previsto como instrumento a utilizar como de "ultima ratio", como maniobra en situación crítica, la eliminación (si hiciera falta) de uno o más "smart contracts" conte-

Como sostiene Argelich, "el "Hard Fork" o reprogramación consiste en la aplicación de un viejo remedio jurídico: el enriquecimiento injusto. La codificación informática no puede con todo, y buena muestra de ello son los "hackeos", por lo que resulta positivo y necesario que existan soluciones legales para mitigar y revertir sus efectos. El Derecho se presta a unas valoraciones subjetivas que impide la objetividad u ortodoxia de la programación, pues no todo es reducible a un código informático. Sin embargo, haber permitido las consecuencias de la apropiación, además de haber hundido la plataforma, solamente habría servido para amparar el uso fraudulento de esta tecnología, o lo que es lo mismo: que el Derecho diese cobertura a que una programación maliciosa posibilite un acrecimiento patrimonial injustificado a costa de la plataforma. En este caso, lo podemos calificar de enriquecimiento injusto sui generis, porque en lugar de que "The Attacker" restituyese lo obtenido, se optó por una reprogramación que permitió el reintegro del contenido económico a la plataforma. Por todo ello, debemos señalar que la aplicación de la codificación informática sin moderar sus desequilibrios llevaría a la imposibilidad de mitigar sus consecuencias negativas. La subsistencia del código informático necesita del Derecho. De lo contrario,

---

nidos en los bloques de la plataforma , creando lo que se conoce como una "bifurcación" de la misma, mecanismo o maniobra límite, que exige que la gran mayoría de mineros que operan en la red de Blockchain desconozcan masivamente la validez de bloques verificados: el cambio del protocolo de la plataforma obliga a los usuarios a actualizar sus versiones de modo que los que no lo hacen quedan operando en la red antigua, conviviendo de este modo dos redes "paralelas". El caso "DAO" hizo temblar la premisa axial según la cual "lo codificado es ley" ("*Code is Law*") pero permitió avanzar en la depuración de las técnicas de codificación y programación de los smart contracts. WERBACH & CORNELL (2017), p. 350, citado por LARRECHEA, *ob.cit.* p. 34.
Puede consultarse en: www.investopedia.com/terms/h/hard-fork.asp

no pueden evitarse las consecuencias de llevar al extremo o, mejor dicho, al absurdo, la expresión Code is Law".

Es precisamente la fase de ejecución la que demuestra la virtualidad y aplicaciones de esta tecnología: dada la aplicación logarítmica de la secuencia *"if-then"* programada, la realización o cumplimiento de la prestación (de dar o de hacer) convenida por el deudor se hallaría garantizada mediante un software autónomo. Es usual citar el ejemplo de los seguros en el ámbito del transporte aéreo de viajeros[282]: v.gr, se pacta que si un vuelo contratado llega a su destino con un retraso "X" (más de una hora, generalmente) dará lugar a que se libre, automáticamente y sin más trámite ni intermediación alguna, un pago inmediato de la cuenta de la compañía aseguradora a la designada por el cliente, evitando la necesidad de realizar trámites burocráticos, con los consiguientes costes temporales y monetarios, y proporcionando a compañías y clientes altas dosis de seguridad y confianza.

La comunidad científica está de acuerdo en que blockchain está llamado a reemplazar a los tradicionales sistemas de bases de datos corporativas, permitiendo el almacenamiento de datos masivo de forma distribuida en la red mediante un registro unificado, seguro y confiable de información. Al tratarse de negocios que se "auto-ejecutan" en sus sistema descentralizado o distribuido que no precisa de intermediarios, no sólo se minoran considerablemente los costes de transacción de todo tipo (fedatarios públicos, registros, etc.) sino que las condiciones de inalterabilidad de la información que se registra en la

---

282 Cuando se contrata un seguro por retraso o cancelación de vuelo, la compra queda registrada en la cadena de bloques, convirtiendo el contrato de seguro en completamente inviolable. Se crea, por tanto, un *smart contract* conectado a bases de datos globales de tráfico aéreo, por lo que tan pronto como se observa un retraso de más de dos horas en el vuelo, la compensación se activa automáticamente.

red proporcionan un nivel de seguridad jurídica, se afirma, sin precedentes[283].

Más allá de estos registros de datos corporativos y de las monedas virtuales (*bitcoin, ethereum,* etc.), se confirma la generalización de esta tecnología en transacciones internacionales sobre activos, mercados de servicios financieros, seguros, activos hipotecarios, configuración de registros de bienes y derechos, etc., al margen de intermediarios vinculados a autoridades estatales (notarios y fedatarios públicos, registradores, agentes inmobiliarios y otros), entre otras funcionalidades[284].

El ámbito de los contratos bancarios y, en general, los productos financieros y el sector de los seguros y el retail, son los campos que más rápidamente han adoptado estas nuevas fórmulas de digitalización: además de los interrogantes apuntados, no resulta fácil el encaje de esta tecnología en la actual regulación de protección de datos personales contenida en el Reglamento (UE) 2016/679 del Parlamento Europeo y del Consejo, de 27 de abril de 2016, así como a la hora de resolver los potenciales conflictos entre contratantes de diferentes estados en un sistema global que rebasa fronteras geográficas y políticas[285].

---

283 Cantero López, A. "Smart contracts: inicios en la revolución del intercambio de valor", *Newsletter e-Dictum,* 13 marzo de 2018, disponible en: https://dictumabogados.com/derecho-concursal/blockchain/

284 Pese a la terminología estamos en presencia más bien de consecuencias derivadas de un preacuerdo adoptado bajo condiciones objetivas. Autores como Lessig se referían hace ya décadas, a la vista de los sistemas automatizados de compras de valores electrónicos o a las mismas máquinas de *vending,* a la existencia de reglas no jurídicas afectantes a la arquitectura de los sistemas de información pero que son "normativas" o reguladoras pues anudan causa, supuesto o condición y efecto a la producción de efectos vinculantes.

285 Tal como reconocen en el "Innovate Finance Global Summit" (2018) los mismos creadores de estas tecnologías. *Vid.* https://www.techworld.com/

Si bien resultan indiscutibles las ventajas que se derivan en supuestos como los citados de la ejecución automática y descentralizada de las prestaciones a través de tecnologías DLT, el efecto de la inmodificabilidad plantea algunas cuestiones jurídicas de importancia. Entendemos que, en ciertos casos, será necesario articular mecanismos que permitan remediar los supuestos en que dicho efecto de inmutabilidad lleve aparejadas consecuencias injustas.

Una posibilidad sería prever "ex ante" por los mismos implicados en una transacción de este tipo la posibilidad de negociar, redactar y codificar "ex ante", de forma preventiva, una cláusula de pacto o convención inversa (*"reverse convention", "reverse covenant" o cláusula de reversión de efectos)*: las mismas partes (una vez identificadas), desplegarían un nuevo código obligándose a realizar nuevas prestaciones acaecido un supuesto de este tipo (v.gr,. el comprador devolvería la cosa y el vendedor el precio, o el activo y su valor en una compraventa de activos digitales). Convención inversa que, como decimos, se habría pactado de antemano en el contrato marco inicial para el caso de sobrevenir circunstancias imprevistas que hagan excesivamente gravoso el cumplimiento de las prestaciones.

Es precisamente este efecto característico de irrevocabilidad e inmutabilidad, junto a la descentralización y falta de regulación legal y control público-normativo de la tecnología blockchain, es la que ha llevado a buen número de juristas a percibir estos negocios digitales con recelo, pensando en los riesgos de este sistema para la comisión de ilícitos como el blanqueo de capitales, el tráfico de personas o cosas prohibidas, etc.

Al margen de miedos, escollos y en un contexto de carencia de marco regulatorio en la mayor parte de ordenamientos, lo

---

social-media/sir-tim-berners-lee-lays-out-nightmare-scenario-where-ai-runs-world-economy-3657280/

cierto es que los desarrollos prácticos de la blockchain en el campo de los contratos y otros negocios y aplicaciones jurídicas avanzan muy rapidamente, y ello obliga a reflexionar acerca de cómo conjugar las ventajas[286] inherentes a estas tecnologías con la salvaguarda de los imperativos de justicia y seguridad jurídica que sustentan nuestros sistemas jurídicos.

Ello requiere instrumentar, en su caso, los mecanismos que permitan garantizar la prestación de un consentimiento formado, informado y libre, la posibilidad, licitud y la determinabilidad de su objeto y la licitud de su causa y, en lo que respecta a su reglamentación y control, que se disponga de un marco normativo básico que permita encajar esta tecnología en los actuales ordenamientos nacionales y habilitar mecanismos de control y sanción en el ámbito internacional.

Se trata, en cualquier caso, de una tecnología llamada a superar límites y fronteras nacionales: la "globalidad" inherente a todo proceso tecnológico reclama una regulación internacional acorde con un fenómeno que desborda las fronteras de los estados-nación[287].

---

286 Al tratarse de transacciones contractuales que se auto-ejecutan sin necesidad de intermediarios, la lógica económica no puede sino resaltar su virtualidad, en orden, no sólo a la reducción de costes de transacción de todo tipo (generadores de eficiencia económica y maximizadores, por ende, del beneficio tanto individual como social), sino por la "confiabilidad" (ergo, seguridad, se afirma) que supone un sistema que se auto-regula mediante algoritmos matemáticos, desplegándose automáticamente consecuencias jurídicas y ejecutándose sin necesidad de intermediario alguno las cláusulas y condiciones derivadas de pactos previamente acordados.

287 Tecnología y Derecho no pueden disociarse, pese a la complejidad creciente de los procesos y desarrollos tecnológicos actuales y los diferentes criterios (esencialmente, justicia *vs* eficiencia) que inspiran un sistema y otro: el normativo y el tecnológico.

8. PROTECCIÓN DE DATOS PERSONALES EN DLT O CÓMO CONJUGAR TRANSPARENCIA Y PRIVACIDAD

En su estado actual de desarrollo y regulación normativa, Blockchain no permite la eliminación de los datos codificados e incluidos en los bloques de la "*chain*", sino tan solo su actualización en nuevos bloques o cadenas de transacciones en una red que, como sabemos, es descentralizada, por lo que resulta prácticamente imposible identificar el proceder de los operadores en lo que respecta al procesamiento de los datos personales.

La privacidad de los intervinientes en las transacciones queda salvaguardada a través del uso de la criptografía, de clave asimétrica como hemos visto: cada usuario opera con un denominado código criptográfico que permite indexar la información en fuentes de datos externas, identificador o código que es visible en la cadena de bloques pero cuya relación con la persona que lo opera sólo es conocida por ésta, por lo que es el propio usuario el que mantiene el control sobre su identidad.

Pero lo cierto es que tales "cadenas de bloques" son, como regla general, públicas, por lo que toda la información sobre un bloque o cadena de bloques, que puede incluir datos personales, resulta accesible para todos los que (superando las barreras tecnológicas) accedan al sistema, barreras de entrada que se fijan tecnológicamente a través de algoritmos, no estando sometidas, por definición al ser sistemas distribuidos-descentralizados, a supervisión o control externo alguno.

Uno de los desafíos a los que se enfrenta la tecnología blockchain es, de este modo, el relativo a la protección de datos de carácter personal' habida cuenta, además, de la asimetría negocial entre grandes prestadores de servicios de información y los usuarios finales de los mismos. Como da cuenta la doctrina, la regulación nacional y comunitaria de la materia ha reforzado notablemente la protección de los datos personales de los usuarios, otorgando a los mismos una posición preeminente que no se limita a considerarlos meros titulares del derecho, sino que obliga a otorgarles información acerca de qué datos personales se recopilan, quién es el responsable de su tratamiento, su posible cesión, conservación y duración, qué derechos les asisten y las posibles acciones legales que pueden ejercitar (particularmente, los derechos ARCO[288]).

Los datos personales introducidos por los usuarios y que se hallan almacenados en la blockchain permanecerán a la vez que, legalmente, sus titulares ostentan legalmente un derecho a su supresión. Las soluciones que proponen los expertos para conciliar ambos intereses contrapuestos se basan en la implementación de funciones "*hash*" a fin de de cifrar los datos contenidos en los bloques, de modo que en la blockchain se insertará únicamente el "*código hash*"[289]: un algoritmo matemático transforma un conjunto de datos de entrada en un valor alfanumérico de longitud finita, que genera un código *("código hash")* que permite seudonimizar los datos personales con base en una función criptográfica, de modo que sólo tenga conocimiento de tales datos protegidos por el *"hash"* el titular de los mismos. Los "datos de entrada" producirán el mismo código de salida, de manera que cualquier mínima alteración, modifi-

---

288 El derecho de supresión de datos personales encuentra su reconocimiento legal en los arts, 93 y 94 LOPDP (Ley Orgánica 3/2018, de 5 de diciembre, de Protección de Datos Personales y garantía de los derechos digitales), así como en el art. 17 RGPD

289 *Vid* el Informe de la Agencia Española de Protección de Datos (AEPD) "*Introducción al "Hash" como técnica de seudonimización de datos personales", de* octubre de 2019, pp. 14-20, en el que se dice que *"Otra estrategia para dificultar la reidentificación es añadir un valor constante o "sal" a todos los mensajes antes de evaluar el hash. Una sal es un valor aleatorio que se añade al mensaje original. Si es aleatorio ha de ser independiente del mismo mensaje o de cualquier otra información".*

cación o manipulación dará lugar a distinta función *hash*[290]. A efectos de flexibilizar este efecto de inmutabilidad propio de la tecnología *Blockchain* se están introduciendo sistemas de lo que se deomina "blockchain editable" (a través del denominado *"hash camaleón"*)[291].

También se producen fricciones entre la pretendida transparencia pública que es uno de los activos de esta tecnología y la necesaria preservación del derecho a la privacidad del titular de los datos registrados, para lo cual una de las propuestas es la creación de un canal inserto en la cadena principal y de otros paralelos donde se registren los contratos inteligentes "hasheados", otorgándose privacidad a cada uno de ellos.

9. EJECUCIÓN CONTRACTUAL: ALGUNAS CUESTIONES DERIVADAS DE SU AUTOMATICIDAD

Cuando hablamos de contratos tecnológicos: ¿es posible aplicar la cláusula *"rebus sic stantibus"* como límite del principio *"pacta sunt servanda"*[292]?

---

290 PICAZO GONZÁLEZ, P., ALONSO AYALA, M. y MELÓN MUÑOZ, A. Memento Experto Perito Judicial. Francis Lefebvre, Edición Online, 2017.

291 En este sentido, la patente otorgada a Accenture en materia de *Blockchain* editable está disponible en https://www.accenture.com/us-en/insight-editing-uneditable-blockchain

292 Según el art. 1091 CC «*las obligaciones que nacen de los contratos tienen fuerza de ley entre las contratantes, y deben cumplirse a tenor de los mismos*». Cada parte del contrato asume los riesgos que corresponden a su cumplimiento, es por ello que «*el obligado a dar alguna cosa lo está también a conservarla con la diligencia propia de un buen padre de familia*» (art. 1094 CC) y, si la cosa «*se hubiese perdido en poder del deudor, se presumirá que la pérdida ocurrió por su culpa*» (art. 1183 CC). El contratante que incumple está obligado en este caso a indemnizar los daños causados por su incumplimiento (art. 1101: culpa contractual).

Como sabemos, la automaticidad de la ejecución en los contratos tecnológicos impide "de facto" modificar los pactos y condiciones que integran su clausulado codificado una vez generados los términos del cumplimiento. El programa se ejecuta de forma automática cumplida la condición *("if-then")* o llegado el momento inicialmente previsto.

Los efectos de esta automaticidad tecnológica se proyectan a la hora del cumplimiento o incumplimiento de las prestaciones a las que las partes se han obligado: podrían plantearse en ciertos casos problemas en supuestos de caso fortuito, fuerza mayor no previstos, por su propia naturaleza, "*off-chain*", o sobrevenidas circunstancias imprevistas que alteren el equilibrio económico contractual haciendo injusto, en cuanto muy gravoso para una parte, el cumplimiento estricto de lo acordado[293].

---

293 Como excepciones al "*pacta sunt servanda*", los supuestos de caso fortuito y fuerza mayor previstos en el art. 1105 CC cuando el incumplimiento de la parte derive de «*sucesos que no hubieran podido preverse, o que, previstos, fueran inevitables*». Definición que, en palabras de ALVAREZ ROYO-VILLANOVA: "*Pandemia, fuerza mayor y cláusula rebus sic stantibus a la luz de la Jurisprudencia*", La Ley, 6 de abril de 2020, "*no es totalmente satisfactoria, pues como ha declarado la jurisprudencia, la imprevisibilidad e inevitabilidad no son requisitos alternativos sino cumulativos: si el riesgo era previsible aunque inevitable, la parte obligada lo habrá asumido y si fuera evitable el obligado debería haber hecho lo necesario para evitarlo*". Tampoco distingue el Código civil el caso fortuito de fuerza mayor: la teoría mayoritaria avala que en ambos casos el evento es imprevisible e inevitable y que la fuerza mayor se refiere a los supuestos externos al ámbito de actuación del obligado. Siendo la otra excepción la conocida como cláusula *rebus sic stantibus,* consagrada por nuestra jurisprudencia aludiendo a su reconocimiento en textos internacionales: art. 6.2.2 de los Principios UNIDROIT y art. 6.111 de los "Principios de Derecho Europeo de la Contratación" (PECL) que inspiran la interpretación de nuestro Derecho (entre otras: SSTS 1180/2008, de 17 de diciembre y TS 5/2019 de 9 de enero (LA LEY, 86/2019). El 6.111 PECL relativo al «cambio de circunstancias» establece que «*las partes tienen la obligación de negociar una adaptación de dicho contrato o de poner fin al mismo si el cumplimiento del contrato resulta excesivamente gravoso debido a un cambio de las circunstancias, siempre que: (a) Dicho cambio de circunstancias haya sobrevenido*

Situación que se ha puesto de manifiesto con la pandemia de la COVID19 y que se puede dar en los contratos de tracto sucesivo, pero también en algunos de prestación única siempre que exista un lapso de tiempo entre la perfección del contrato y la realización de las prestaciones (vid. STS 3/2019 de 9 de enero).

Circunstancias que, en el plano de la contratación tradicional o clásica, podrían dar lugar, acaso, a la aplicación de la cláusula "*rebus sic stantibus*" o a la doctrina de la desaparición de la base del negocio. ¿*Quid iuris* en caso de resultar gravoso el cumplimiento en un sistema como este en el que la ejecución se deja al albur del algoritmo?; ¿desaparecería la posibilidad de invocar la "*rebus*" en la ejecución de un contrato tecnológico en el que todos los extremos parecen haber sido previstos "*ex ante*" y los efectos del cumplimiento o incumplimiento se desencadenan de forma automática[294]?

---

en un momento posterior a la conclusión del contrato. (b) En términos razonables, en el momento de la conclusión del contrato no hubiera podido preverse ni tenerse en consideración el cambio acaecido. (c) A la parte afectada, en virtud del contrato, no se le pueda exigir que cargue con el riesgo de un cambio tal de circunstancias».

294 La "Propuesta para la Modernización del Derecho de Obligaciones y Contratos" elaborada por la Comisión General de Codificación establece la siguiente redacción para el art. 1213 CC: «*Si las circunstancias que sirvieron de base al contrato hubieren cambiado de forma extraordinaria e imprevisible durante su ejecución de manera que ésta se haya hecho excesivamente onerosa para una de las partes o se haya frustrado el fin del contrato, el contratante al que, atendidas las circunstancias del caso y especialmente la distribución contractual o legal de riesgos, no le sea razonablemente exigible que permanezca sujeto al contrato, podrá pretender su revisión, y si esta no es posible o no puede imponerse a una de las partes, podrá aquél pedir su resolución*».
Vid.https://www.mjusticia.gob.es/cs/Satellite/Portal/1292430376128?blobheader=application%2Fpdf&blobheadername1=Content-Disposition&blobheadername2=Grupo&blobheadervalue1=attachment%3B+filename%3DTexto_acordado_para_el_Libro_IV_por_el_grupo_de_trabajo_de_las_Secciones_Primera_y_Segunda.PDF&blobheadervalue2=Docs_CGC_Propuestas

10. INEFICACIA CONTRACTUAL: REVISIÓN DE CATEGORÍAS JURÍDICAS CLÁSICAS

En la fase de ejecución, las prestaciones auto-implementadas en la etapa de formación del contrato (el "*if*") desencadenan las consecuencias jurídicas previstas por las partes (el "*then*" o el "*else*"), para cuya comprobación y cumplimiento el código informático va a verificar la existencia de los eventos externos al contrato que sirven de premisa. En la ejecución del "smart contract" (no así en el contrato marco que sirve de base o fundamento en los "smart legal contract", como se ha visto) no hay margen para la interpretación jurídica, pues no se suscitan dudas interpretativas en sentido jurídico al ser lenguaje criptográfico.

Sería conveniente que, a la hora de pre-programar un contrato inteligente, en el código informático se introdujeran "ex ante" de forma preventiva ciertas cláusulas que puedan automatizar la adaptación del contrato.

Igualmente se señala por la doctrina, con la que coincidimos, la utilidad de prever el posible cambio de circunstancias y la excesiva onerosidad sobrevenida y anticipar los remedios a ello a través de una estipulación de moderación equitativa de las cláusulas pactadas, o pactando la desvinculación por incumplimiento, e incluso anticipando mecanismos que prevengan posibles escenarios de enriquecimiento injustificado para una de las partes. También debería el código informático habilitar un mecanismo que permitiera mitigar los eventuales daños y perjuicios derivados de la ejecución del convenio o acuerdo por una defectuosa o incorrecta programación o por la ausencia de previsión de contingencias generadoras de efectos adversos.

La propia naturaleza de los "smart contracts", su automaticidad y su inmutabilidad o efecto de irreversibilidad hace que resulte fácilmente programable "ex ante" el cumplimiento de requisitos de validez del negocio pero muy difícil, al tratarse de eventos futuros e imprevisibles, la ineficacia en sentido estricto, que parte de defectos, vicios o contingencias ajenas a la mecánica matemática del algoritmo y su automaticidad.

Referencias Bibliográficas

ALARCÓN SEVILLA, V. "Actualización de la normativa de protección de datos en materia de sanidad: su incidencia en salud pública e investigación de enfermedades", en ANDREU MARTÍNEZ, M.B.; SALCEDO HERNÁNDEZ, J.R. *Autonomía del paciente mayor, vulnerabilidad y e-salud,* Valencia, Tirant lo Blanch, 2018.

ALLEN, JASON/ HUNN, PETER. *"Smart Legal Contracts. Computable Law in Theory and Practice"*, Jason Allen & Peter Hunn (Dirs), Oxford University Press, 2022.

ALVARADO BAYO, M.C. y SUPO CALDERÓN, D., "Blockchain y propiedad intelectual: aplicando una tecnología innovadora en la gestión de derechos intangibles", Themis Revista de Derecho, Nº. 79, 2021.

ALVAREZ ROYO-VILLANOVA: "Pandemia, fuerza mayor y cláusula rebus sic stantibus a la luz de la Jurisprudencia ", *La Ley,* 6 de abril de 2020.

ANDREESSEN, M., "Why bitcoin matters ", 21 junio 2014. https://a16z.com/2018/02/10/crypto-readings-resources/

ANGUIANO JIMÉNEZ, J.M. "Smart Contracts'. Introducción al 'contractware', *Diario La Ley,* 2 de enero 2019.

ANTON-HARO, C. "Machine-to-machine (M2M) Communications: Architecture, Performance and Applications" (Woodhead Publishing Series in Electronic and Optical Materials*)*, Elsevier, 2015.

ARGELICH COMELLES, C. "La transmisión digital de la propiedad mediante su adquisición derivativa en las plataformas blockchain", en GARCÍA GOLDAR, M./NÚÑEZ CERVIÑO, J. (Dirs.), *"El Derecho ante la tecnología: innovación y adaptación"*, Colex, Madrid, 2022.

_ "Smart contracts o "Code is Law": soluciones legales para la robotización contractual", *InDret Revista para el Análisis del Derecho,* nº 2, 2020. https://indret.com/wp-content/uploads/2020/04/04-Argelich-numerat.pdf

ARRIETA SEVILLA, L.J. "El uso de tokens en transmisiones inmobiliarias", *Revista de Derecho Civil,* vol. X, núm. 2, junio, 2023 Estudios. http://nreg.es/ojs/index.php/RDC

BARRIO ANDRÉS, M. "Concepto y clases de criptoactivos", en BARRIO ANDRÉS, M. (Dir.) *"Criptoactivos. Retos y desafíos normativos"*, Wolters Kluwer, Madrid, 2021.

_ *Manual de Derecho digital,* Tirant lo Blanch, 2020.

_ *Legal Tech. La transformación digital de la abogacía* (Dir.), Wolters Kluwer, 2019.

BURKE, W.; BESKOW, L; TRINIDAD, S. et. al. "Infomed consent in translational Genomics: Insufficient Without Trustworthy Governance", *The Journal of Law, Medicine & Ethics* [en línea], Boston, American Society of Law, Medicine and Ethics, Vol. 46, nº 1, 2018.

BOLDÓ RODA, C. "Cadena de bloques y registro de derechos", *Revista Aranzadi de Derecho y Nuevas Tecnologías,* Nº. 53, 2020.

BONMATÍ SÁNCHEZ, J., GONZALO DOMENECH, J.J., y ORTEGA GIMÉNEZ, A. "*El impacto jurídico del uso de la Inteligencia Artificial en el sector asegurador: la gestión de riesgos como medio para el cumplimiento normativo". Universidad Miguel Hernández de Elche. Derecho Digital e Innovación,* Nº 10, Octubre-Diciembre, 2021,

BUTERIN, V. "Schelling Coin: A Minimal-Trust Universal Data Feed". https://blog.ethereum.org/, Marzo 2014.

CABIESES, B.; ESPINOZA, M. "La investigación traslacional y su aporte para la toma de decisiones en políticas de salud", *Revista Peruana de Medicina Experimental y Salud Pública,* Lima: Instituto Nacional de Salud, 2011, nº 28.

CALVO CARAVACA, A. y CARRASCOSA GONZÁLEZ, J. "Problemas de extraterritorialidad en la contratación electrónica", ECHEBARRÍA SÁENZ, J. (Dir.) *"El comercio electrónico",* Edisofer, 2001.

CANTERO LÓPEZ, A. "Smart contracts: inicios en la revolución del intercambio de valor", *Newsletter e-Dictum,* 13 marzo de 2018. https://dictumabogados.com/derecho-concursal/blockchain/

CASTELLANO GARCÍA, A. "Conceptualización de los contratos inteligentes o autoejecutables basados en la tecnología Blockchain y su encuadre en el ordenamiento jurídico español", *Revista de Estudios Jurídicos,* junio 2022.

CASTILLO PARRILLA, J. A. (Dir.). *"El mercado digital en la Unión Europea",* Madrid, Reus, 2019.

COLÓN, K.A. "Creating a patient-centered, global, decentralized health system: combining new payment and care delivery models with telemedicine, AI, and Blockchain technology Blockchain in Healthcare Today", V.1, 2018.

CRIADO ENGUIX, J. "Blockchain: criptomonedas y tokenización de activos inmobiliarios. Efectos en el ámbito registral", *Revista de Derecho, Empresa y Sociedad,* núm. 16, 2020.

CUKIER, K. & MAYER-SCHOENBERGER, V.: *Big Data. A Revolution that will transform how he live, work, and thin"*, Nueva York, 2013.

DÍAZ DÍAZ, E. "Una aplicación jurídica del «Blockchain»: los «Smart Contracts»". *Revista Aranzadi de Derecho y Nuevas Tecnologías,* Nº. 50, 2019.

DE LARRAECHEA CARVAJAL, J. ORHANOVIC DE LA CRUZ, E. "Smart Contracts": Origen, Aplicación y Principales desafíos en el Derecho Contractual Chileno", *Actualidad Jurídica* N° 42, Universidad del Desarrollo, Chile, 2020. https://derecho.udd.cl/actualidad-juridica/files/2021/01/AJ42-P107.pdf

DÍAZ DÍAZ, E. "Una aplicación jurídica del «Blockchain»: los «Smart Contracts»". *Revista Aranzadi de Derecho y Nuevas Tecnologías,* Nº 50, 2019.

ECHEBARRÍA SÁENZ, M. "Contratos Electrónicos Autoejecutables (Smart Contract) y Pagos con Tecnología Blockchain", *Revista de Estudios Europeos* Nº 70, julio-diciembre, 2017, Monográfico-Economía colaborativa. http://www.ree-uva.es/

EL-MIEDANY, Y. "Telehealth and telemedicine: how the digital era is changing standard health care. Smart Homecare Technol". *Telehealth,* 4, 2017. https://www.dovepress.com/telehealth-and-telemedicine-how-the-digital-era-is-changing-standard-h-peer-reviewed-fulltext-article-SHTT

FETSYAK, I. "Contratos inteligentes: análisis jurídico desde el marco legal español", *REDUR nº 18*, diciembre 2020. http://doi.org/10.18172/redur.4898.

FRANCÓS NUÑEZ, E. "Blockchain, función notarial y Registro". *Revista del Colegio Notarial de Madrid,* Nº 103, Madrid, Mayo-Junio, 2022

FUENTES, L. "Clinicappchain: a low-cost blockchain Hyperledger solution for healthcare". *Blockchain and Applications: International Congress,* V. 1010, 2019.

GALLEGO FERNÁNDEZ, L.A., "Contratos automatizados, cadenas de bloques y Registros de la Propiedad", *Revista Crítica de Derecho Inmobiliario,* Nº 778, 2020.

GOÑI RODRÍGUEZ DE ALMEIDA, M., "Sistema registral y blockchain", *Revista Crítica de Derecho Inmobiliario,* Nº 790, 2022.

HERIAN, R. "Legal Recognition of Blockchain Registries and Smart Contracts", *Open University Law School,* 2018. https://www.researchgate.net/publication/329715394_Legal_Recognition_of_Blockchain_Registries_and_Smart_Contracts

FETSYAK, I. "Contratos inteligentes: análisis jurídico desde el marco legal español", *REDUR* 18, 2020.

http://doi.org/10.18172/redur.4898.

https://www.eublockchainforum.eu/sites/defaultfiles/research-paper/legal_recognition_of_blockchain_registries_and_smart_contracts_final_draft_report_appendix.pdf?width=1024&height=800&iframe=true

https://www.eublockchainforum.eu/sites/default/files/reports/workshop_6_report_-_legal_recognition_of_blockchains.pdf?width=1024&height=800&iframe=true

GARCÍA, R. "El Reglamento General de Protección de Datos y su aplicación en el ámbito sanitario". *I+S: Revista de la Sociedad Española de Informática y Salud [en línea]*, Sociedad Informática de la Salud, nº 127, Madrid, 2018.

GENESTIER, P.,ZOUARHI, S.LIMEUX, P.EXCOFFIER, PROLA, A. SANDON, A. TEMERSON, J.L. "Blockchain for consent management in the ehealth environment: a nugget for privacy and security challenges", *J. Int. Soc. Telemed. eHealth,* Nº 5, 2017.

GONZÁLEZ-MENESES, M. "La «tokenización» de inmuebles: ¿economía colaborativa o mercantilización extrema?", en MUÑIZ ESPADA, E. *"La protección del consumidor en la vivienda colaborativa"*, Wolters Kluwer, Madrid, 2021.

GRIGGS, K.N. OSSIPOVA, O. KOHLIOS, A.N. BACCARINI, E.A. HOWSON, T. HAYAJNEH. "Healthcare blockchain system using smart contracts for secure automated remote patient monitoring". *J. Med. Syst.,* 42 (7), 2018.

GONZÁLEZ-MENESES GARCÍA-VALDECASAS, M. "Blockchain o cómo mecanizar la confianza", *Aranzadi Digital,* nº 1, 2020;

_"Smart contracts": ¿hacia una economía sin derecho contractual?", *Aranzadi Digital,* nº 1, 2020.

HERNÁNDEZ MARTÍNEZ, A. "Aplicación del 'Smart Contract' a la transferencia de derechos federativos de jugadores de fútbol", *Revista Aranzadi de Derecho de Deporte y Entretenimiento, Nº* 66, Aranzadi, 2020.

HEWA, A. BRAEKEN, M. YLIANTTILA, M. LIYANAGE."Multi-access edge computing and blockchain-based secure telehealth system connected with 5G and IoT", *8th IEEE International Conference on Communications and Networking, IEEE ComNet'*, 2020.

IBÁÑEZ JIMÉNEZ, J.W. *"Blockchain: Primeras cuestiones en el ordenamiento español"*, Dykinson, Madrid, 2018.

KAZMI H.S.Z., NAZEER F., MUBARAK S., HAMEED S., BASHARAT A., JAVAID N. "Monitoreo remoto confiable de pacientes utilizando contratos inteligentes basados en blockchain", *International Conference on*

Broadband and Wireless Computing, Communication and Applications. Salmer, Amberes, 2019.

GRIGGS, O. OSSIPOVA, C.P. KOHLIOS, A.N. BACCARINI, E.A. HOWSON, T., HAYAJNEH, T. "Healthcare blockchain system using smart contracts for secure automated remote patient monitoring", J. *Med. Syst., 42 (7)*, 2018.

KUMAR, R. TRIPATHI, R. "Traceability of counterfeit medicine supply chain through blockchain", *11th International Conference on Communication Systems & Networks (COMSNETS)*, IEEE, Bengaluru, India, 2019.

LACRUZ BERDEJO, J.L. *"Elementos De Derecho Civil T. II*, "Derecho De Obligaciones", V. 2. Contratos y Cuasicontratos, Dykinson, 2013.

LECUONA, I, "Evaluación de los aspectos metodológicos, éticos, legales y sociales de proyectos de investigación en salud con datos masivos (big data)". *Gaceta Sanitaria* [en línea], N° 6, Vol. 32, 2018.

LEMIEUX, V.L., "Evaluating the use of blockchain in land transactions: an archival science perspective", *European Property Law Journal*, N° 6, 2017.

LLEN, JASON/ HUNN, P. Smart Legal Contracts. Computable Law in Theory and Practice, Jason Allen & Peter Hunn (Dirs), Oxford University Press, 2022.

LOPEZ DEL MORAL, I. "Law and Trends", 2017. Disponible en https://www.lawandtrends.com/noticias/tic/blockchain-en-el-ambito-sucesorio-1.

LUQUIN BERGARECHE, "Telemedicina y cuestiones de derecho privado", *El derecho privado ante los retos de la agenda 2030* / coord. Martínez Calvo, J. , Sánchez Cano, M.J., Santillán Santa Cruz, R., Thomson Reuters Aranzadi, 2022, pp. 121-136

_"Prestación de servicios de salud digital: algunas reflexiones desde el derecho civil", en "*El impacto de la inteligencia artificial en la teoría y la práctica jurídica*" / coord. Solar Cayón, JI., Sánchez Martínez, M.O, Wolters Kluwer Legal & Regulatory, España, 2022.

_"*Acerca de la redefinición de la autonomía privada en la sociedad tecnológica*", Revista Boliviana de Derecho, N°. 26, 2018. https://dialnet.unirioja.es/descarga/articulo/6510519.pdf

MADRID PARRA, A. "Smart Contracts-Fintech: Reflexiones para el debate jurídico". *Revista Aranzadi de Derecho y Nuevas Tecnologías*, N°. 52, 2022.

MERCHAN MURILLO, A. "Identidad digital Blockchain e Inteligencia Artificial: aspectos jurídicos de presente y futuro a debate", *Ius Et Scientia*, Vol. 7, N° 1, 2021. http://doi.org/10.12795/IESTSCIENTIA.2021.i01.12

_"Identidad digital: su incidencia en el blockchain", *Revista Aranzadi de Derecho y Nuevas Tecnologías,* Nº 50, 2019, Estudios Jurídicos, Aranzadi, 2019.

MENA DURÁN, M.L. "La regulación del blockchain: cuestionando la identidad entre el código y la ley". *Revista Aranzadi de Derecho y Nuevas Tecnologías,* Nº. 55, 2021.

MILLAR, C. "Blockchain and law: Incompatible codes?", *Computer Law & Security Review,* V. 34, núm. 4, 2018.

MIRALLES LÓPEZ, R. "Desvinculando datos personales: seudonimización, desidentificación y anonimización. *I+S: Revista de la Sociedad Española de Informática y Salud [en línea].* Madrid: Sociedad Informática de la Salud, nº 122, 2017.

MIRAZ M.H., DONALD D.C. "Atomic cross-chain swaps: development, trajectory and potential of non-monetary digital token swap facilities. *Ann. Emerg. Tecnol. Comput",* 3, 2019. https: //www.myhealthmydata.eu/why-mhmd/

MOSTERT, M.; BREDENOORD, A. L.; SLOOT, B. & VAN DELDEN, J.M. "From Privacy to Data Protection in the EU: Implications for Big Data Health Research". *European Journal of Health Law [en línea].* Holanda, Brill, V. 5, nº 1.
https://pubmed.ncbi.nlm.nih.gov/26554881/

MOUGAYAR, M. 'The business blockchain', "Dos videos y un podcast sobre blockchains, tokens y descentralización". https://www.wmougayar.com/blog/2018/05/26/two-videos-and-a-podcast-on-blockchains-tokens-and-decentralization.

MURILLO DE LA CUEVA, P.L. "La protección de la información genética", *Revista de Derecho y Genoma humano: genética, biotecnología y medicina avanzada,* Leioa: UPV/EHU y Dykinson, nº Extra 1, 2014.

NADAL GÓMEZ, I. "Ejecución forzosa y blockchain. Panorámica general con especial atención a las monedas virtuales", *Revista Jurídica del Notariado,* Nº 112, 2021.

NAKAMOTO, S. "Bitcoin: A Peer-to-Peer Electronic Cash System", 2008. https://bitcoin.org/bitcoin.pdf

NASARRE AZNAR, S. "Naturaleza jurídica y régimen civil de los tokens en blockchain", SIEIRA GIL, J./CAMPUZANO GÓMEZ-ACEBO, J. "Tokenización de activos", en BARRIO ANDRÉS, M. (dir.), "*Criptoactivos. Retos y desafíos normativos*", Wolters Kluwer, Madrid, 2021.

_ *"La tokenización de bienes en blockchain: Cuestiones civiles y tributarias"* / coord. García Teruel, R.M., 2020.

NICOLÁS JIMÉNEZ, P. "Investigación biomédica y big data sanitarios", en TRONCOSO REIGADA, A. (coord.). *Comentarios al Reglamento General de Protección de Datos y a la Ley Orgánica de Protección de Datos de Carácter Personal,* Thomson Reuters, 2019.

ORTEGA KLEIN, A. "La nueva política sigue la innovación privada en la gestión de lo público: Gobernanza digital: ¿hacia una nueva utopía?", Telos: cuadernos de comunicación e innovación, N.º 110, 2019. http://www.realinstitutoelcano.org/wps/portal/rielcano_es/contenido?WCM_GLOBAL_CONTEXT=/elcano/elcano_es/zonas_es/ari82-2020-barrio-retos-y-desafios-del-estado-algoritmico-de-derecho

PARRA CALDERÓN, C.L. "Big data en sanidad en España: la oportunidad de una estrategia nacional", *Gaceta Sanitaria* [en línea], V. 30, nº 1, enero-febrero 2017.
https://scielo.isciii.es/scielo.php?script=sci_arttext&pid=S0213-91112016000100013

PHILLIPS, M.; KNOPPERS, B. M. "Whose Commons? Data Protection as a Legal Limit of Open Science", *The Journal of Law, Medicine & Ethics,* Boston, ASLME, V. 47, issue 1, 2019. https://pubmed.ncbi.nlm.nih.gov/30994061/

PICAZO GONZÁLEZ, P., ALONSO AYALA, M. y MELÓN MUÑOZ, A. *"Memento Experto Perito Judicial".* Madrid, Francis Lefebvre, Edición Online, 2017.

PLAZA PENADES, J. "La adquisición de derechos sobre obras de arte en NFT (non fungible token)". *Revista Aranzadi de Derecho y Nuevas Tecnologías,* Nº. 60, 2022.

PORXAS, N. y CONEJERO, M., "Tecnología blockchain: funcionamiento, aplicaciones y retos jurídicos relacionados", *Actualidad Jurídica Uría Menéndez,* Nº 48, 2018.
https://www.uria.com/documentos/publicaciones/5799/documento/art02.pdf?id=7875

QUINN, P.QUINN, L. "Big genetic data and its big data protection challenges". *Computer Law & Security Review [en línea],* Londres, Elsevier, V. 34, issue 5.
https://www.sciencedirect.com/science/article/pii/S0267364918300827

RAIKWAR, M.MAZUMDAR, S. RUJ, S.S. GUPTA, A. CHATTOPADHYAY, K.-Y. LAM. "A blockchain framework for insurance processes"; *9th*

IFIP International Conference on New Technologies, Mobility and Security (NTMS), IEEE, Paris, France, 2018.
https://ieeexplore.ieee.org/document/8328731

RAJA WASIM AHMAD, KHALED SALAH, RAJA JAYARAMAN, IBRAR YAQOOB, SAMER ELLAHHAM, MOHAMMED OMAR "The role of blockchain technology in telehealth and telemedicine", Research Center on Digital Supply Chain and Operations Management (DSO), Khalifa University of Science and Technology, *International Journal of Medical Informatics,* V.148, abril de 2021.
https://pubmed.ncbi.nlm.nih.gov/33540131/

RECUERO LINARES, M. "La investigación científica con datos personales genéticos y datos relativos a la salud: perspectiva europea ante el desafío globalizado", AEPD, Madrid, 2019.
https://www.aepd.es/sites/default/files/2020-02/premio-2019-emilio-aced-accesit-mikel-recuero.pdf

RUIZ-GALLARDÓN Y GARCÍA DE LA RASILLA, M. "Tokenización de activos y blockchain. Aspectos jurídicos", *Anales de la Academia Matritense del Notariado,* T. 60, 2020.

SARRIÓN ESTEVE, J. "Health Data Treatment: An approach to the International and EU Legal Framework". ARNOLD, R. (ed.); CIPPITANI, R. (ed.). *Genetic Information and Individual Rights [en línea],* agosto 2017.
https://papers.ssrn.com/sol3/papers.cfm?abstract_id=3012416

SCHREPEL, T. *"Smart Contracts and the Digital Single Market Through the Lens of a Law + Technology Approach"*, Springer, 2020.

SIRUS MASHOUF MOHSENIN. "Blockchain: contratación y jurisdicción: Hacia una nueva concepción de la Justicia", *Revista Aranzadi de derecho y nuevas tecnologías,* Nº 60, 2022.

STAZI, A. *Smart Contracts and Comparative Law: A Western Perspective,* Springer, 2021, p. 111.

SZABO, N. "Smart contracts: Building blocks for digital markets",1996.
http://www.fon.hum.uva.nl/rob/Courses/InformationInSpeech/CDROM/Literature/LOTwinterschool2006/szabo.best.vwh.net/smart_contracts_2.html

TAPSCOTT, D., & TAPSCOTT, A. *"Blockchain revolution: how the technology behind bitcoin and other cryptocurrencies is changing the world"*, Portfolio, Penguin, Nueva York, 2016. *"Blockchain Revolution: How the Technology Behind Bitcoin Is Changing Money, Business, and the World Paperback"*, Reviewed by Nicole Radziwill (2018) Blockchain Revolution: How the Technology

Behind Bitcoin is Changing Money, Business, and the World" Quality Management Journal, 25:1, 64-65, DOI: 10.1080/10686967.2018.1404373.

VALPUESTA GASTAMINZA, E./HERNÁNDEZ PEÑA, J.C. (Coords.), *"Tratado de Derecho digital"*, Wolters Kluwer, Madrid, 2021.

_VALPUESTA GASTAMINZA, E. "La participación de entidades de crédito en redes semipúblicas permisionadas basadas en la tecnología "blockchain", en GONZÁLEZ VÁZQUEZ, J.C. Y COLINO MEDIAVILLA, J.L. (Dir.), *"Regulación bancaria y actividad financiera"*, Wolters Kluwer La Ley, junio, 2020.

VERHEYE, B. "Real estate publicity in a blockchain world: a critical assessment", *European Property Law Journal,* Nº 6, 2017.

VICENTE BLANCO, D.J. "Problemas de jurisdicción competente y ley aplicable en los mercados electrónicos" en VELASCO, ECHEBARRÍA, HERRERO (Dir.) *"Acuerdos horizontales, mercados electrónicos y otras cuestiones actuales de competencia y distribución"*, Valladolid, Lex Nova Thomsom-Reuters, 2014.

_ "Medios electrónicos de pago y jurisdicción competente en supuesto de contratos transfronterizos en Europa", en MATA MARTÍN, R./JAVATO MARTÍN, A. *"Los medios electrónicos de pago"*, pp.270-319.

VIDAL CASERO, M.C. "El Proyecto Genoma Humano. Sus ventajas, sus inconvenientes, y sus problemas éticos", *Bioética Web,* 3 febrero de 2004. https://www.bioeticaweb.com/el-proyecto-genoma-humano-sus-ventajas-sus-inconvenientes-y-sus-problemas-acticos-dra-vidal-casero/#NECESIDAD%20DE%20NUEVAS%20DISPOSICIONES

WENDEHORST, C. "Robotics, Artificial Intelligence, and Machine to Machine (M2M). Contracts with a particular focus on consumer contract. European Parliament", Bruselas, 2016. https://www.europarl.europa.eu/cmsdata/101087/1Wendehorst.pdf

TUR FAÚNDEZ, C., "*Smart contracts: análisis jurídico*", Reus, Madrid, 2018.

ZHANG, X. POSLAD, S. M. "Block-based access control for blockchain-based electronic medical records (EMRs) query in eHealth", *IEEE Global Communications Conference (GLOBECOM), IEEE,* Abu Dhabi, United Arab Emirates, 2018.